コミュニケーション・入門
改訂版
心の中からインターネットまで

船津 衛［著］

有斐閣アルマ

改訂版へのまえがき

　いまや，ケータイが街にあふれています。電車，バス，デパート，会社，映画館，教室，そして家の中でケータイが頻繁に用いられています。ケータイは仕事のときだけではなく，私用にも用いられ，また，緊急時だけではなく，暇なときにも使われています。ケータイがないと人々は不便であるばかりか，不安にもなってしまうほどです。

　そして，パソコンは人々の日常生活に欠かせない重要なツールとなっています。パソコンでレポートや書類を作成し，インターネットを通じてニュースや情報を直接手に入れるようになっています。さらには，ホームページを閲覧し，必要な資料を検索し，また，商品の注文を行うようになっています。

　こんにち，新聞やテレビなどの既存のメディアに加えて，ケータイ，パソコン，CATV，インターネットなどの新しいメディアの登場によって，これまでのコミュニケーションのあり方が大きく変わってきています。人々の生活において情報伝達が利便化され，広域化され，身近な情報，国内の情報，世界の情報など，情報量が飛躍的に増大し，情報内容が多様化してきています。

　そして、人々は情報を受信するだけではなく，情報を発信するコミュニケーションを積極的に行うようになってきています。ケータイはコミュニケーションの敷居を低くし，CATVは双方向機能によってコミュニティ・コミュニケーションを活発化させています。また，多くの人がインターネットを通じて電子メールを送信し，ブログやSNSを作成し，世界中の人々と直接的なコミ

ュニケーションを遂行するようになってきています。そこにおいて，双方向のコミュニケーションが広く展開されるようになっています。

しかし，また，このようなことによって，コミュニケーションが人と人との間のコミュニケーションであることを忘れてはならないでしょう。お互いが無責任となり，倫理観を失い，相互監視や統制を強め，温かいふれあいを失ってしまっては，百害あって一利なしということになります。そしてまた，人間のコミュニケーションを他の動物や機械のコミュニケーションと同一視し，人間のコミュニケーションの特質を見失うようなことは避けなければならないでしょう。

他の動物や機械とは異なり，人間においては他の人間とのコミュニケーションとともに自分自身との内的コミュニケーションが同時に行われます。そして内的コミュニケーションの展開によって，これまでに存在しない新たなものが生み出されるようになっています。人間のコミュニケーションは変化・変容がなされ，新しいものが創発されるダイナミックなプロセスであるといえましょう。

本書の初版からすでに15年近くの歳月が経ちました。その間，多くの読者に恵まれ，今なお，手にとってくださる方がおられることに感謝のほかありません。本書の出版を勧めてくれた池一さん（現有斐閣アカデミア），松井智恵子さんに改めてお礼申し上げます。

今回，改訂版に当たり，第4章「電話コミュニケーション」の第3節「ケータイ・コミュニケーション」，また，第6章「コミ

ュニティ・コミュニケーション」の第1節「コミュニティ・コミュニケーション」，第2節「CATV，コミュニティFMとコミュニティ・コミュニケーション」，第3節「災害情報メディアと災害情報コミュニケーション」，そして，第10章「高度情報社会のコミュニケーション」の第3節「インターネット・コミュニケーション」を中心に，書き換えをいたしました。

　今回の改訂版では，再び松井さん，そして，新たに四竈佑介さんにお世話になり，種々ご配慮いただき，心から感謝いたします。どうもありがとうございました。

　2010年1月

船津　衛

初版はじめに

「わたしは安室イチローといいます。どうぞよろしく」。この言葉に続けて，「みんなと仲良くなりたいので，ぜひ，わたしに話しかけてください」というのが，クラスやサークルでの自己紹介の最近のパターンとなっているようです。

自分から「話しかける」のではなく，「話しかけてください」というのは，「話しかける勇気がない」「話しかけ方がわからない」「話しかけることで相手を傷つけたくない，そして自分も傷つきたくない」，そんな理由からでしょうか。

でも，若者がまったくのコミュニケーション嫌いというわけではないようですね。孤独よりも他者へのかかわりを持ち，誰かとコミュニケーションしたいようです。一度仲良くなると，よくしゃべりますし，延々と続く電話でのやりとりはそれを示しているといえそうです。

そして，パソコン通信，さらにインターネットはいまや若者の独壇場です。ここでのコミュニケーション活動においてはきわめて「雄弁」です。インターネットはコミュニケーションの範囲を国際的規模に拡大させるだけではなく，なによりも，積極的な情報発信を行わせ，一方通行のマスコミとは異なり，双方向のコミュニケーションを展開させるものですから。

しかし，このインターネットは匿名のコミュニケーションであることからして，倫理感や責任感が薄れ，相手をだましたり，傷つけたり，また致命的なダメージを与えてしまうおそれも懸念されています。また，互いの顔が見えない，文字のみのコミュニケ

ーションであることから，温かさや共同体感覚が失われるともいわれています。

　本書は，このような変化するコミュニケーションの現代的様相を具体的に明らかにして，そこにおける問題点を浮彫りにし，そこからコミュニケーションのあるべき姿を探っていくことをめざしました。身近な人とのコミュニケーションから，集団・組織のコミュニケーション，コミュニティ・コミュニケーション，集合行動・社会運動のコミュニケーション，マス・コミュニケーション，そして国際コミュニケーションにいたるまで，ミクロ-マクロすべての領域のコミュニケーションを全体として考察しています。とりわけ，人間独自のコミュニケーションの特質，情報発信による双方向コミュニケーションのあり方，そして，コンサマトリーなコミュニケーションの必要性を強調しています。

　本書はどの章から読んでくださっても結構です。自分の関心のあるところから読みはじめて，そこから最後まで読み，そして最初の章に戻っていただければと思います。そして，現代のコミュニケーションの問題について自分なりに解釈し，理解して，コミュニケーションについて新しい枠組みを構築してくだされば幸いです。

　本書は有斐閣編集部の池 一さん，松井智恵子さんとの双方向のコミュニケーションの積重ねによってできあがったものです。池さんには企画・構成・文体そして図表・索引など，大所高所にして細部にいたるまでの温かいご配慮と有益なコメントを多くいただきました。心から感謝いたします。どうもありがとうございました。

　　　1996 年 7 月

　　　　　　　　　　　　　　　　　　　　　　　船　津　　衛

著者自己紹介

船津　衛（ふなつ　まもる）

1940年2月，東京に生まれる。育ちは静岡県伊豆下田。1958年3月，静岡県立下田北高卒業。1962年3月，東北大学文学部社会学科卒業，同大学院に進み，社会学を専攻し，主として社会意識論，準拠集団論を研究。1967年4月に山口大学教育学部専任講師，助教授，1974年4月，大阪市立大学文学部助教授となり，この頃，現代社会学，社会心理学の主要潮流の1つであるシンボリック相互作用論の研究に力を注ぐ。

1980年4月，東北大学文学部助教授，教授，東京大学大学院人文社会系研究科教授，東洋大学社会学部教授を経て，2005年4月より放送大学教養学部教授。東北大学赴任後は，主として自我の社会性を明らかにする自我論，また，20世紀初めのアメリカの哲学者・社会心理学者のG. H. ミード理論の研究，およびコミュニケーションや地域情報に関する理論的・経験的研究を行っている。

*　　　*　　　*

主な著書としては，『シンボリック相互作用論』恒星社厚生閣，1976年，『自我の社会理論』恒星社厚生閣，1983年，『社会心理学の展開』（永田良昭との共編著）北樹出版，1987年，『ミード自我論の研究』恒星社厚生閣，1989年，『社会学の展開』（佐藤慶幸との共編著）北樹出版，1989年，『現代社会論の展開』（編著）北樹出版，1992年，『社会学史の展開』（山岸健との共編著）北樹出版，1993年，『地域情報と地域メディア』恒星社厚生閣，1994年，『シンボリック相互作用論の世界』（宝月誠との共編著）恒星社厚生閣，1995年，『G・H・ミードの世界』（編著）恒星社厚生閣，1997年，

『社会情報論の展開』(田崎篤郎との共編) 北樹出版, 1997 年, 『アメリカ社会学の展開』恒星社厚生閣, 1999 年, 『地域情報と社会心理』(編著) 北樹出版, 1999 年, 『ジョージ・H・ミード』東信堂, 2000 年, 『アメリカ社会学の潮流』(編著) 恒星社厚生閣, 2001 年, 『自我・自己の社会心理学』(安藤清志との共編著) 北樹出版, 2002 年, 『エイジングの社会心理学』(辻正二との共編著) 北樹出版, 2003 年, 『自我の社会学』放送大学教育振興会, 2005 年, 『21 世紀の社会学』(山田真茂留・浅川達人との共編著) 放送大学教育振興会, 2005 年, 『自己と他者の社会学』(井上俊との共編著) 有斐閣, 2005 年, 『感情社会学の展開』(編著) 北樹出版, 2006 年, 『現代コミュニティ論』(浅川達人との共著) 放送大学教育振興会, 2006 年, 『コミュニケーションと社会心理』北樹出版, 2006 年, 『社会的自我論』放送大学教育振興会, 2008 年など。

*　　　*　　　*

　現在の主な研究テーマは, 自我社会学の形成をめざし, 自我論のさらなる展開を行うこと, ミード理論の全体像を解明し, シンボリック相互作用論の形成と展開について考察すること, そして, 人間のコミュニケーションの特質, コミュニティ・メディアの問題, 高度情報社会のコミュニケーションのゆくえについて研究し, コミュニケーション論の再構成を図ることである。研究はいまなお継続中であり, 目標に向かって鋭意努力中だが, 道なお遠きの感あり。
　大学では, 大学院ゼミとして, 「自我論」「コミュニケーション論」「コミュニティ論」「科学論」「時間論」について, また学部ゼミとして, 現代人の自我の様相を解明する「自我社会学」の理論的枠組みとその具体的現実について, 院生・学生諸君と熱く, 真摯な, しかし, 楽しいディスカッションを繰り広げている。

    ＊ ＊ ＊

　わが国において，地域や世代などのコミュニケーション文化の差異によって，コミュニケーション・ギャップや地域間・世代間のコンフリクトが深刻な問題となっていることから，社会移動の経験にもとづき，インターローカル，インタージェネレーションの視野からコミュニケーションのあり方を考えてみたいということも，本書執筆の1つの動機となっている。

INFORMATION

● **この本の特徴**　人間を社会に結びつけているものの1つがコミュニケーションです。人の心の中のコミュニケーションからインターネットまで，その全体像を具体的に明らかにしてみました。人間独自のコミュニケーションの特質，情報発信による「双方向」からのコミュニケーションのあり方，また，手段としてではなく，それ自体が意味のある「コンサマトリー」なコミュニケーションの必要性を強調しています。

● **この本の構成**　全体のイントロダクションとして序章を置き，身近な問題から地球規模の問題まで，順序立てて配列されていますが，自分の関心のあるところから読みはじめて最後までいき，初めに戻るという読み方もできます。どんなやり方でも結構ですが，全体を通して読み，現代コミュニケーションについて，自分なりの理解・イメージを築いてみましょう。

● **キーワード**　本文の記述の重要ポイントはゴチック文字で記し，一目でわかるようにしました。

● **図　表**　活字ばかりでなく，理解の手助けのために，図示できるものはできるだけ多く図表にしてあります。

● **Material**　内容に直接・間接に関係するものとして，小説やコミックなどからの引用を，Material（素材）という形で掲載しました。それぞれの意味を考えてみてください。

● **人名脚注**　コミュニケーションに関する主な研究者については，本文中に★マークをつけ，ページの下に，写真やミニ解説をほどこしました。

● **文献表示**　本文中の参照文献は（著者［発行年］）で表しました。外国文献で翻訳のあるものは，［　］に訳書の発行年を入れました。また，脚注での（　）内は原著の発行年です。

● **参考文献**　さらに学習を進めるために，各章末に10冊ほどの文献を挙げてあります。

● **索　引**　本文はコミュニケーションの場面にしたがって体系的に解説されていますから，索引の活用しがいがあります。索引に掲載されているコミュニケーションのキーワードから本文を読み直せば，また違った角度から知識を整理することができると思います。

コミュニケーション・入門〔改訂版〕：目　次

序章　現代のコミュニケーション　　1

人々は情報の発信者に　2　　コミュニケーション・イメージが変わる　6　　本書の構成　9

第1章　人間のコミュニケーション　　13

1　動物のコミュニケーション……14
ミツバチは「ダンス言葉」を使う　14　　チンパンジーは「言葉」を学習する　16　　人間は自己とコミュニケーションする　18　　ジェスチュアは他者に反応を引き起こさせる　21

2　人間のコミュニケーション……23
人間は他者の反応を予測する　23　　同一反応は内的である　24

3　内的コミュニケーション……26
人間は自己を内省する　26　　人間は自分自身と相互作用する　28

第2章　自我とコミュニケーション　　33

1　自我と他者 ……………………………………………34
孤独な人間も他者とかかわる　34　　「オタク」も他者を求めている　36　　インティメート型自我が増えている　37

2　自我の社会性 …………………………………………40
自我は「鏡に映った自我」として現れる　40　　「ワレワレ」思う，ゆえにワレあり　42　　現代的自我は「柔らかい自我」となる　44　　自我は役割取得によって形成される　46　　「一般化された他者」が生み出される　48　　他者は時間的・空間的に拡大される　49

3　自我と役割コンフリクト ……………………………51
役割期待が対立する　51　　役割コンフリクトに陥る　53　　パーソン・ロール・コンフリクトに　55

第3章　人と人とのコミュニケーション　　57

1　自己表現のコミュニケーション ……………………58
言葉は中心的メディアだが，唯一のメディアではない　58　　服装・髪型もメディアとなる　61　　ジェスチュアは効果的メディアである　62　　ジェスチュアの意味が重要である　64

2　自己表現のコミュニケーション様式 ………………65

自己表現には一定の様式がある　65　　表現様式の学
　　　習が必要　67

3　外見のコミュニケーション ……………………………… 69
　　　外見も自己を表現する　69　　ひとは印象を操作する
　　　71　　役割期待から距離をとる　73　　新たな行為を
　　　展開する　74

第4章　電話コミュニケーション　　　　　　　　77

1　電話コミュニケーションの特質 ……………………………… 78
　　　電話が主要メディアとなる　78　　電話が変わる　79
　　　音声が媒介となる　82　　電話は双方向である　85

2　電話コミュニケーションの問題 ……………………………… 87
　　　相手も自分も音声のみ　87　　ダブル・リアリティが
　　　出現する　89　　電話が多機能化する　90

3　ケータイ・コミュニケーション ……………………………… 91
　　　いつ，どこでも使うことができる　91　　親密な関係
　　　が生み出される　93　　物理的空間と情報空間のズレ
　　　が生まれる　94　　ケータイ・コミュニケーションが
　　　変わる　96　　ケータイ問題が発生する　97

第5章　集団・組織のコミュニケーション　　101

1　家族コミュニケーション ……………………………… 102

家族コミュニケーションはコンサマトリー　102
　　　夫婦コミュニケーションは年輪　104　　家族コミュニケーションが希薄化する　107　　コミュニケーション能力の開発を　109

2　企業組織コミュニケーション ……………………111
　　　組織コミュニケーションはインストルメンタル　111
　　　官僚制コミュニケーションは形式化する　112　　インフォーマル・グループのコミュニケーションが発見される　115　　人間的コミュニケーションの展開を　117

3　ネットワークのコミュニケーション ………………118
　　　コミュニケーションがネットワークを左右する　118
　　　コミュニケーションは新たな創造をもたらす　120

第6章　コミュニティ・コミュニケーション　123

1　コミュニティ・コミュニケーション ………………124
　　　コミュニティ・コミュニケーションが変容する　124
　　　コミュニティ・メディアが注目される　126

2　CATV，コミュニティFMとコミュニティ・コミュニケーション ……………………128
　　　コミュニティ・メディアはコミュニティ情報を多く提供する　128　　コミュニティ・メディアに住民が参加する　132　　コミュニティ・メディアは曲がり角にある　136

3　災害情報メディアと災害情報コミュニケーション　…138

災害時のメディアの役割は大きい　138　　災害コミュニケーションは変化・変容する過程である　141

第7章　集合行動・社会運動のコミュニケーション　147

1　群衆・公衆のコミュニケーション　148
群衆は非合理的か　148　　暗示と感染からなる　150
公衆は「精神的な集合体」である　151　　「会話」と「新聞」でつながる　152

2　うわさのコミュニケーション　154
うわさは広がる　154　　うわさは活用される　156
うわさは情報の空白を埋める　158　　うわさは中継者が支える　159

3　集合行動・社会運動のコミュニケーション　163
コミュニケーションが集合行動を形成する　163
コミュニケーションは社会運動を動かす　166

第8章　マス・コミュニケーション　169

1　現代のマスコミ　170
「テレビ」はコミュニケーションの手段だった　170
テレビ放送は50年の歴史を超えた　171　　テレビの優位が確立する　172　　テレビ離れが進む　174

2　全能のマスコミ　176

マスコミは全能である 176　　大衆は無力である 178　　マスコミの力は補強効果どまりである 179　　パーソナル・コミュニケーションも力を持つ 181

3　受け手の主体性 ……………………………………182
受け手は選択する 182　　受け手が内容に生命を与える 184　　受け手は解釈する 185　　受け手は「利用」する 186　　受け手が「送り手」「作り手」となる 187　　マスコミの力は依然として大きい 188　　媒介要因が無効化される 190　　マスコミが媒介要因を作り上げる 191　　人々は与えられた準拠集団に依存する 192　　双方向コミュニケーションを実現する 194

第9章　国際コミュニケーション　199

1　日本人のコミュニケーション ……………………200
日本人はコミュニケーション嫌いか 200　　身振りも派手ではない 201　　私的場面では多弁である 202　　表現「作法」は遠回し 203　　抑制によって表現が豊かになされている 204

2　異文化コミュニケーション ………………………206
異文化接触が増大している 206　　コミュニケーション文化が異なる 208

3　国際コミュニケーション …………………………210
日本人は西洋文化指向である 210　　新たな普遍性の形成を 211

第10章　高度情報社会のコミュニケーション　215

1 高度情報社会のコミュニケーション ……………216
情報の量の増大，質の向上がめざされる 216　情報，コミュニケーション自体の重視へ 218　マルチメディアの時代となる 219　「地図にないコミュニティ」を形成する 220

2 電子コミュニケーション ……………222
電子コミュニケーションが進む 222　電子メール・コミュニケーションが展開する 223

3 インターネット・コミュニケーション ……………224
インターネットが広がる 224　自己発信コミュニケーションが活発化する 227　情報コミュニティが形成される 234　蛮族社会を迎える？ 237

事項索引 ……………241
人名索引 ……………247

本書のコピー，スキャン，デジタル化等の無断複製は著作権法上での例外を除き禁じられています。本書を代行業者等の第三者に依頼してスキャンやデジタル化することは，たとえ個人や家庭内での利用でも著作権法違反です。

序章　*現代のコミュニケーション*

(資料出所)「NTTホームページ」
(http://www.ntt.co.jp)

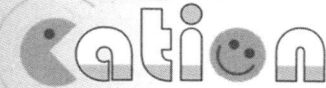

人々は情報の発信者に

21世紀という新しい時代に入り，これまで経験することのなかった自然災害や社会的出来事が発生してきている。そのことによって従来の人間観，社会観，また科学観に大きな変更が迫られている。コミュニケーションの領域においても事情は同じである。

こんにち，新しいメディアの導入によって，メディアの多様化，メディア利用の拡大化，情報伝達の利便化，合理化，広域化，そして，情報内容の多様化，複雑化，多元化が実現されつつある。ワープロが国民の必需品となり，1995年のウィンドウズ95の発売によってパソコンが急速に普及し，また，夢のテレビといわれた「壁掛けテレビ」もいまや現実のものとなっている。そして，文字，図形，音声，映像が一体となり，情報の加工，蓄積，発信が可能なマルチメディアが主流になってきている。

このマルチメディアによって，**人々のコミュニケーションは双方向化が可能とされる**。マルチメディアにおいては，受け手自身がコンピュータを使って情報を発信できる。そこでは情報の受け手が同時に送り手であるコミュニケーションが展開されるようになっている。

このようなマルチメディアに基づいた「情報スーパーハイウェー」構想が，1993年にアメリカ合衆国ゴア副大統領によって提唱され，全米を光ファイバーを用いての双方向通信によって結びつけ，学校，図書館，病院，診療所をネットワーク化することが計画されていた。そして，将来は，国際的規模でのグローバルなコミュニケーションの展開がめざされていた。

この「情報スーパーハイウェー」のプロトタイプが「インターネット」である。「インターネット」はネットワークのネットワ

Material ①

地方紙が「世界紙」になった

インターネットで広告まで

変わる米国のメディア ①

マーキュリーはビル・ミッチェル氏（56）が率いる、米カリフォルニア州サンノゼにある新聞社。「サンノゼ・マーキュリー・ニューズ」の木刊ビル。カラー印刷しただけあって、テレビ画面には見るのようにきれいに見える。インターネットの上にいかれたインターネット版新聞を見つけ出したように言える。しかも世界中の活字メディアのどれでも、いったん世界中に発信してしまえば、世界中の誰でも見られるという、同じ機能を備えたものとして、新聞社は一つのページを使う。

「多いときは一〇万件を超えるアクセスがあった」とビル。発行部数二十九万のサンノゼ・マーキュリーは、地元の新聞だ。しかし、地域を超えて自社ニュースを発信することで、一気に新聞がわれたのだ。

「ふーん、これが両面で読んでくれた人たちのリストだ。アメリカ、ヨーロッパ、南米、むろん日本など、あらゆるところから入ってきているですよ」

分厚いファイルを引っ張り出し、ひげもじゃの顔に南笑いを浮かべた。

シリコンバレーの中心地、カリフォルニア州サンノゼ市の新聞社「サンノゼ・マーキュリー・ニューズ」の本社ビル。「サンノゼ・マーキュリー・ニューズ」の本社ビルを見つけたように言える。

新聞情報は、コンピューターに代わってパソコンをに送られてきている。サーバーに蓄積されており、サブスクライバーはそれを手に取って必要なぺ ージの情報を送り返すことができる。文字だけでなく、写真やグラフィックスも送る

日本でも、サンノゼ・ミッチェル氏

インターネットにも掲載されている各種の広告を手に説明するサンノゼマーキュリーのビル・ミッチェル氏

めに、実際の利用料金としては、二八ドルから二三ドル。「「世界の新聞」に交じって「だれもがこんなサービスを列車のぞ時代までもすでに、ぜんぜ・マーキュリーに依頼してパソコン通信より迫力ないいよ、必要なのはパソコンとインターネットに接続するための通信機とイ ンターネットに接続するための「モデム」と呼ばれる装置。パソコンと通信料金は世界でどこでも一律に二万円から三万円近辺でおれば、だいたい十六代、「カローラ」という車の中古品の値段になるという。希望の中身を選んでも、呼び出す機能もある。訪ねて行きたとき、ぴたりと彼をつかまえた。十一時すぎ、「カローラ」という車の中古品の値段になるという。希望の中身を選んでも、呼び出す機能もある。訪ねて行きたとき、ぴたりと彼をつかまえた。

サンノゼ・マーキュリーの「ミの新聞」の編集は、今年一月から進めている「インターネット・サービス」の編集者と記者、パソコン・エンジニア＝らスタッフで四月から本格化し、二月からさらに本格化させ、二人のスタッフたちで働いているスタッフの多いと四月、ほとんど米東部の新聞制作以外のコン ピューターから引用したインターネット版の情報は、編集責任の担当者が、必要な記事や写真を貼り付けた「ペ ーパートップ・ニュース」は、本社ホームページと名付けられているもので、編集会議で取捨選択された「本日の編集長」を指すという。十人ほどだ。

「今の新聞」の編集は、十八人の編集者とパソコン・エンジニアら＝らスタッフで四月から本格化し、二月からさらに本格化させ、二人のスタッフたちで働いているスタッフの多いと四月、ほとんど米東部の新聞制作以外のコン

「電子電波メディア局 大前 純一」

インターネットの利用料金は月々八〇〇円、大家七〇円で安いが、内部のネットワークにアクセスし込む時、国内の接続社の空き込み時、国内の接続社の空き時、「世界の新聞社の多いと、希望の中身を選んで呼び出す機能もある。訪ねて行った十一時すぎ、「カローラ」という車の中古品の値段になるという。希望の中身を選んでも、呼び出す機能もある。訪ねて行きたとき、ぴたりと彼をつかまえた。

米国で相次いで発行されているインターネット向けの各種の新聞が、世界最新の試みを展開しているサンノゼ・マーキュリーを皮切りに、アメリカのメディアが、電子化を図る分野で、気になる流れとしている模様を追う。

（『朝日新聞』1995年6月13日朝刊）

図序-1 インターネット

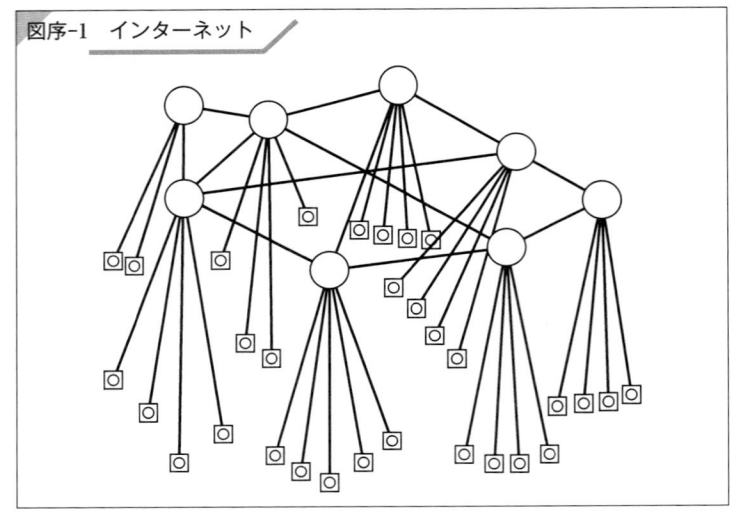

ークとして，世界共通のパソコン・ネットを構成し，世界中の人々とのコミュニケーションを可能とさせてくれる。それは**世界の情報の収集，受信・利用を自由に行わせてくれる**ものとなっている。「インターネット」はまた，たんにコミュニケーションの範囲を拡大させるだけではなく，**人々による情報発信を大いに促進するもの**である。「インターネット」によって，人々は情報を自由に発信でき，世界的なコミュニケーションに直接に参加することができる。このようなコミュニケーション活動への人々の積極的かかわりによって，双方向のコミュニケーションが大幅に展開できるようになる。

このことに典型的に現れているように，高度情報社会においては，人々は積極的に情報発信を行うことができる。そして，こんにち，さまざまな領域において，人々の活発なコミュニケーション活動の展開が大きくクローズアップされてきている。1995年

Material ②

```
PXK07772　1/18 01:53　千里中央付近の情報ありがとう！
　　稲垣　さちこ　　　　　検索キー：被害情報
現地からいくつかのメールをいただきました。
千里中央付近は，建物の倒壊などはないそうです。
メールをいただいた方には取り急ぎお礼のメールを送りましたが，
あらためてお礼をアップさせていただきます。
と，いうわけで，千里中央あたりに知人友人のいらっしゃるかた，
ひと安心してもよさそうです。
とり急ぎお礼まで。
ああ，パソ通やってて，よかった・・(^ ^)
　　　　　　　★ETHAN☆　PXK07772　　稲垣　さちこ
```

（高野孟編『GO EQUAKE——パソコン・ネットが伝えた阪神大震災の真実』20～21頁〔祥伝社，1995年〕）

　の阪神・淡路大震災において，必要情報をあまり提供しないマス・メディアに取って代わって，パソコン通信が災害情報をきめ細かく，またリアルタイムで知らせ，大いに注目を集めた。また，地域におけるCATVやコミュニティFM放送は，住民が番組に参加し，さらには企画・制作などの番組づくりを行うようになってきている。

　現代のコミュニケーションは，従来のマスコミにおけるように，送り手から受け手への一方通行の情報伝達ではない。**新しいコミュニケーション形態は，双方向にもとづく，思考の独自性や感情の差異を生み出すようなコミュニケーションとなってきている。**ここから，従来のコミュニケーション・イメージの変更が迫られている。

> コミュニケーション・イメージが変わる

テレビが日本で放送されてより50年を越え、いまやテレビ離れが語られ、「見るだけのテレビ」は終わったとされる。そして、「利用するテレビ」や「参加するテレビ」が人々の関心を集め、これからのテレビは「双方向テレビ」であるともいわれている。

これまでのテレビでは、コミュニケーションの送り手と受け手の役割が固定化され、少数の送り手が多数の受け手に対して一方通行的に情報を送り、受け手に直接的に影響を与えるものとなっている。そして、受け手である大衆は、相互のつながりのない、受け身的・消極的存在とされる。「マスコミは全能、大衆は無力」とするイメージが多くの人によって抱かれてきた。けれども、人々のあり方は、実際には、このようなイメージとかなり異なってきている。

第1に、人々は情報をそのまま受け取るというような存在ではない。人間においては刺激-反応として他者の与える情報にただ従うというよりも、その情報を意味づけ、その解釈を行っている。人間は自己の内的世界において情報をとらえ直し、修正し、変更し、再構成している。したがって、コミュニケーションは**情報のたんなる伝達過程ではなく、新たなものの創造を生み出すダイナミックな過程**となる。

第2に、人々のコミュニケーションは一方通行ではなく、双方向である。これまではマスコミの上からの一方通行の情報伝達であった。しかし、人々はコミュニケーションの一方性や受動性を克服し、双方向性や主体的「参加」を促す新しいコミュニケーションを生み出すようになってきている。人々はマスコミによって

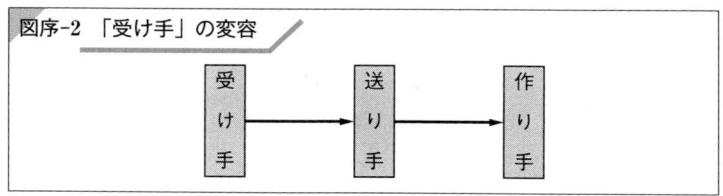

図序-2 「受け手」の変容

踊らされるのではなく、逆に、マスコミをみずから選択し、またその内容を自己の立場から解釈している。そして、番組をただ見るだけではなく、番組そのものに参加し、番組づくりを行い、新しいコミュニケーションを作り上げている。

人々は、もはや、消極的な「受け手」ではなく、**積極的な「送り手」**、さらには、**創造的な「作り手」**となる。情報主体は人々であり、そこではヨコの双方向コミュニケーションが活発になされている。

第3に、こんにち、**それ自体が意味のあるコンサマトリーな（自己完結的、自己目的的）コミュニケーション**が重要視されてきている。コミュニケーションは、これまでは目的のためのたんなる手段というインストルメンタルな（手段的、道具的）性格が強かった。したがって、それは能率や効率が主眼とされ、道具的合理性が追求されてきた。その結果、人間のコミュニケーションがモノのコミュニケーションとなってしまっている。情報化は、これまで、産業中心に推し進められ、情報化による産業振興が図られてきた。情報化は「産業化の論理」にもとづく情報化であり、効率性や利便性というモノの論理によって貫かれたものであった。

けれども、いまや、モノ時代の終焉が告げられ、効率ではなく「ゆとり」が、機能ではなく「意味」が、そして目的合理性ではなく「コミュニケーション合理性」（ハーバーマス［1985-87］）が

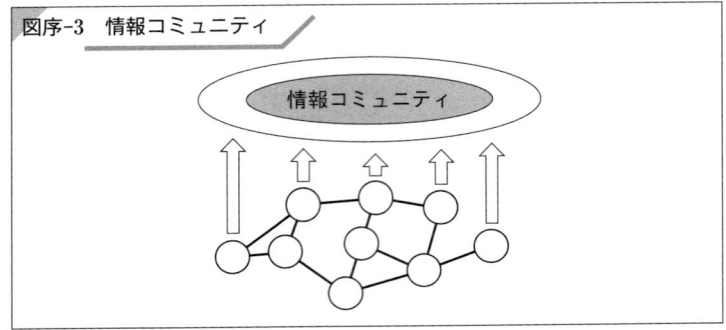

図序-3 情報コミュニティ

追求されるようになってきている。そして,人々のコミュニケーションはマルチメディア化によって多様化され,複合的コミュニケーション状況が生まれている。そこにおいては,**人々の意志や自由が重視され,画一化ではなく個性化がなされうるようになる。**

それと同時に,このような多様化,個性化は,さらに,状況を超えた新たな共通性,一般性を生み出す。情報化によって,従来のコミュニティの範囲が拡大され,新たな「情報コミュニティ」の形成がなされることになる。この「情報コミュニティ」は,地域性を必ずしも必要条件とはしない。それは,むしろ関心や認識の共通性にもとづいて形成される「地図にないコミュニティ」(ガンパート [1990])となっている。そして,「情報コミュニティ」では人々の同一化ではなく,差異や異質性が認められ,その共存・共生が図られる。しかし,同時に,新しい普遍性を求めてのコミュニティの形成がつねにめざされている。

「情報コミュニティ」の形成は,同時に,その内部のコミュニケーションを活性化させる。**内部のコミュニケーションの展開において新たなものの創出**がなされ,そこから新しいコミュニティの創造がもたらされることになる。

本書の構成

本書は人間のコミュニケーションの問題からはじまって,自我,集団,組織,集合行動,そして国際コミュニケーションの問題に至るまで,ミクロ,マクロすべての領域のコミュニケーションを網羅的に考察している。

第1章では,動物のコミュニケーションとは異なる人間のコミュニケーションの特質を明らかにし,「意味のあるシンボル」によって,内的コミュニケーションが展開され,そこから新たなものが創造されてくることを強調している。

第2章では,人間の自我とコミュニケーションとの関連を考察し,自己と他者,自我の社会性,そして役割コンフリクトの問題を追究している。

第3章では,人と人とのコミュニケーションとして,自己表現のメディア,その様式,そして外見のコミュニケーションについて検討している。

第4章では,若者による電話コミュニケーションのあり方について考察し,コミュニケーションのパーソナル化や電話と日常世界のダブル・リアリティの存在を指摘し,さらに,ケータイ・コミュニケーションの特質とその変容について具体的に論じている。

第5章では,コンサマトリーなコミュニケーションである家族コミュニケーションとインストルメンタルなコミュニケーションである組織コミュニケーションについて対比的に論じている。

第6章では,コミュニティ・コミュニケーションの変容,CATVやコミュニティFM放送などのコミュニティ・メディアの役割,そして災害時のコミュニケーションのあり方について考察している。

第7章では，群衆のコミュニケーションが必ずしも非合理とはいえないこと，そして，うわさが積極的意味を持つコミュニケーションであることを明らかにしている。

　第8章では，「全能のマスコミ，無力な大衆」というイメージと受け手の主体的コミュニケーションについて考察している。

　第9章では，日本人のコミュニケーションの特質と異文化コミュニケーションの必要性，そして国際コミュニケーションのあり方について問題としている。

　第10章では，高度情報社会のコミュニケーションについて，マルチメディア・コミュニケーション，電子コミュニケーション，電子メール，インターネット，ブログ，SNSについて触れ，さらに情報コミュニティについて論じている。

　本書全体において，**コミュニケーションのグローバル化と情報発信による双方向コミュニケーションの展開，そして，人間独自のコミュニケーションの認識とコンサマトリーなコミュニケーションの必要性が強調されている。**

　高度情報化によって，人間的コミュニケーションがはたして広範囲に展開されることになるのか，それとも，温かい人間的つながりが失われ，相互監視や統制が強まる社会となってしまうのだろうか。

Reference 参考文献

　伊藤守・小林直毅 [1995]，『情報社会とコミュニケーション』福村出版。

　井上俊ほか編 [1995]，『他者・関係・コミュニケーション』岩波

書店。

大澤真幸［1995］,『電子メディア論』新曜社。

ガンパート，G.［1990］,『メディアの時代』石丸正訳，新潮社（原著，1987）。

東京大学新聞研究所編［1990］,『高度情報社会のコミュニケーション』東京大学出版会。

西垣通［1994］,『マルチメディア』岩波書店。

ハーバーマス，J.［1985-87］,『コミュニケイション的行為の理論』上・中・下，河上倫逸ほか訳，未來社（原著，1981）。

船津衛［1994］,『地域情報と地域メディア』恒星社厚生閣。

船津衛［2006］,『コミュニケーションと社会心理』北樹出版。

船津衛編［1992］,『現代社会論の展開』北樹出版。

船津衛編［1999］,『地域情報と社会心理』北樹出版。

船津衛・浅川達人［2006］,『現代コミュニティ論』放送大学教育振興会。

吉見俊哉［1994］,『メディア時代の文化社会学』新曜社。

ラインゴールド，H.［1995］,『バーチャル・コミュニティ』会津泉訳，三田出版会（原著，1993）。

第1章 人間のコミュニケーション

チンパンジーは「言葉」をもっているか

1 動物のコミュニケーション

ミツバチは「ダンス言葉」を使う

最近,人間以外の動物にも「言葉」が存在しているとよくいわれる。たとえば,ミツバチの「ダンス言葉」やチンパンジーの「言葉」がよく話題とされている。

ミツバチの有名な研究者フォン・フリッシュによると,1匹のミツバチが蜜源の花を見つけると,多くの仲間がそこに集まってくる。それは蜜源を発見したミツバチが巣の仲間に「**ダンス言葉**」によって蜜源の場所を伝えるからである(フリッシュ[1975])。「ダンス言葉」とは,ミツバチが腹部を左右に動かしながら直進し,最後には時計回りと反対回りの8の字形に円を描きながら動き回るダンスのことである。そして,このダンスは蜜源の方向と距離を表しているという。

蜜源(餌場)が太陽の方向にあるときは,ダンスは巣(巣箱)盤の垂直面を真上に向かう。また,蜜源(餌場)が太陽と逆の方向にあるときは,ダンスは巣(巣箱)盤の垂直面を真下に向かう。そして,それ以外の場合は,直進の方向と巣(巣箱)盤の垂直面との間の角度に一致する。また,ダンスの時間とダンスの進む距離は蜜源(餌場)の距離を表し,距離が遠い場合にはダンスは長く続き,その直進する距離も長くなっている。

このように,ミツバチはダンスによって蜜源(餌場)の場所を仲間のミツバチに教えることができる。したがって,ミツバチには「言葉」があるといわれる。ミツバチは「ダンス言葉」によっ

図 1-1 ミツバチのダンス

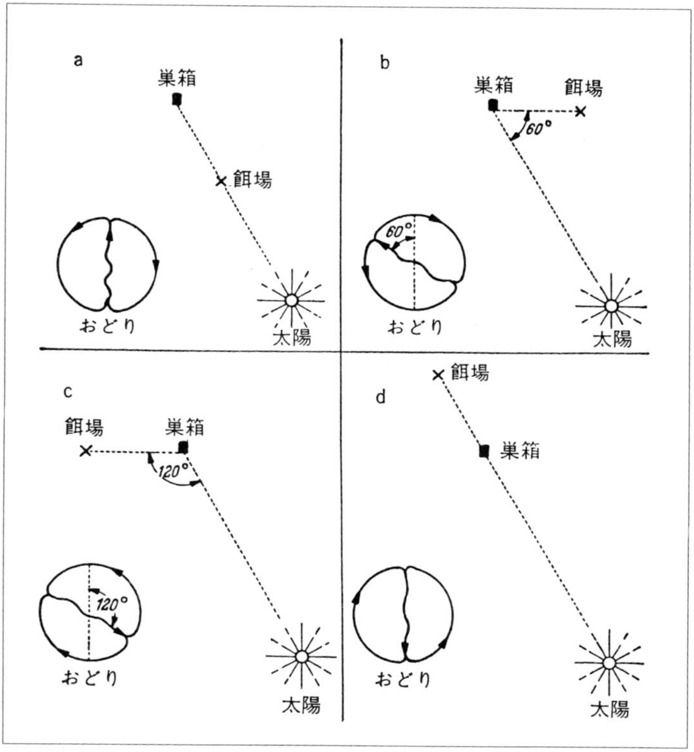

(出所) フリッシュ [1975]。

て仲間とコミュニケーションできるとされる。

　たしかに，1匹のミツバチのダンスによって，他のミツバチの行動が開始され，そのミツバチが蜜源（餌場）にたどり着くことからして，何らかの情報の伝達がなされているといえるかもしれない。しかし，この「ダンス言葉」は，そもそも，ミツバチが**生まれつき**持っているものであって，人間の場合のように学習され

1　動物のコミュニケーション　15

たものではない。それは言葉の「変化」とか，言葉の「創造」ということを行わない。また状況に応じた言葉の「使い分け」もありえない。危険や障害があっても，そのことを仲間に伝えることができない。ここから，ミツバチの「ダンス言葉」と人間の言葉とを同一視することができないといえよう。

> チンパンジーは「言葉」を学習する

他方，**チンパンジーの「言葉」**は，ミツバチと異なり，学習によって身についたものである。チンパンジーは自分の意志を明確に伝えることができる「言葉」を持っている。しかも，それは人間によって教えられ，チンパンジーが苦労して学習したものである。ただし，このチンパンジーの「言葉」は音声語ではなく，「手話」，そして「図形文字」によるものである。

1931年に，生後7カ月半のチンパンジーのグァが，W. & L. ケロッグ夫妻に引き取られ，自分たちの息子と一緒に育てられたが，しかし，グァは何ら発声することができなかった。同じ頃，生まれてまもなくに，C. & K. ヘイズ夫妻に引き取られて育てられ，訓練を受けたヴィッキーも，6年間かかってやっと，「ママ」「パパ」「コップ」の3語をしゃべっただけだった。ここから，チンパンジーには音声語は不可能と断定され，「チンパンジーには言葉はない」と長い間考えられてきた（アモン［1979］）。

しかし，1966年に，A. & B. ガードナー夫妻が，生後1年前後のウォッショーに手話を教えたところ，1年10カ月で34の「言葉」を習得した。ウォッショーは「言葉」を身につけ，「open food drink」「help key in」「that me Washoe」など自分の意志を伝え，夫妻と会話できるようになった。

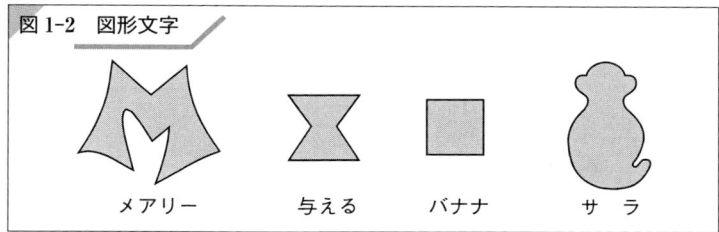

図 1-2　図形文字

メアリー　　与える　　バナナ　　サラ

　同じ頃，A. J. & D. プリマック夫妻が 6 歳のサラに図形文字で文章を作ることを教えた。**図形文字**とは色，形，大きさの異なるプラスティックの小片からなっており，各小片が「リンゴ」「バナナ」「与える」などの言葉に対応しているものである。サラはそれによって名詞，動詞，前置詞，形容詞，数量，仮定法などを理解できたという（プリマック［1978］）。

　また，1979 年には，D. & E. ランボー夫妻が 4 歳のラナにコンピュータのキーボードをたたくことで意志を伝える方法を学ばせた。ラナは，これによって，「please chow period」「please M & M（キャンディ）period」「please milk period」などをキーに打ち込み，食べ物や飲み物を手に入れたり，人間とコミュニケーションすることができた。

　1978 年からはじまった日本の京都大学霊長類研究所による研究においては，チンパンジーに対して実物を見せて，実物に対応する図形文字，漢字，数字が描かれているキーボードのキーを押す訓練が行われた。3 歳のチンパンジーのアイがキーボードを押すことによる「言葉」を使えるようになった。アイは図形文字，漢字，数字だけではなく，アルファベット 26 文字全部を理解したという（松沢［1991］）。

　ここから，チンパンジーも「言葉」を持つといわれる。チンパ

ンジーは「言葉」を通じて人間とコミュニケーションできる。そして，チンパンジーの「言葉」は人間の言葉とほとんど変わらない機能を果たすともいわれている。

しかし，このようなチンパンジーも具体的な事柄とか目の前の事柄についてはともかく，**抽象的な事柄**とか**過去の事柄，未来の事柄**を「言葉」で表現することはできない。また，この「言葉」を人間あるいはコンピュータとの間で用いることができても，チンパンジー同士で使うことはできない。これらの点において，チンパンジーの「言葉」と人間の言葉とは質的に異なっている。

| 人間は自己とコミュニケーションする |

とりわけ，人間の場合は，言葉によって，また言葉を用いてのコミュニケーションによって，**新たなものの創造**が可能とされる。人間は言葉を用いて他者とコミュニケーションすることで，自己の意志，感情，思考を伝えるだけではない。人間は，同時に，**自己とコミュニケーション**することができる。

そのことによって，人間は他者の反応をあらかじめ予測して，それにもとづいて自分の行為を行うことができる。人間は自己の内部におけるコミュニケーションによって，これまで存在しない新しいものを生み出すことができる。このことを強調したのが，アメリカの哲学者であり，社会心理学者である G. H. ミード★である。

ミードによると，進化論で有名な C. ダーウィンは，動物のジェスチュアを情動表現するためのものと考えたという。

たとえば，犬が耳を後ろに引き，歯をむきだしにするのは犬の怒りという情動の表現である。また，猫が背中を高く弓なりにす

ることは猫の恐怖という情動の表現である。そして，人間のジェスチュアに関しても同様のことが当てはまる。人間が眉を八の字に傾斜させることは悲しみの感情を表現し，腕を振り上げ，拳を握って相手を打とうとするジェスチュアは怒りの感情を表現している。このように，情動は表現と強く結びついており，身体的な変化がなければ情動は生じていないことになる。他の人間を憎悪していても，それが身体の動きとして現れなければ激怒していることにはならない，とダーウィンは主張する（ダーウィン[1983]）。

このように，ダーウィンがジェスチュア＝情動であるとしたのに対して，ミードはダーウィンがジェスチュアを重視し，それを進化論的に考察したことを高く評価するが，ジェスチュアはそもそも情動表現の機能を持っていないと批判する。

ミードによると，動物においては，情動が外的に表現されるということはないし，他の動物に向かって自己の情動を表現するということはありえない。何よりも，動物のジェスチュアはたんなる情動の発散にすぎないものである。それは「取り除かれるべき情動の解放弁」であり，その情動は行為の禁止によるフラストレーションから生じたものである。ミードはこのように主張する。

★ミード────────
Mead, G. H.（1863-1931） 20世紀はじめ，アメリカ合衆国で活躍した哲学者，社会心理学者。1894年よりシカゴ大学で哲学，論理学，倫理学，社会心理学を講義した。彼は自我が社会的に形成されることを解明した。主著として『精神・自我・社会』（1934），『現在の哲学』（1932），『行為の哲学』（1938）などがある。

1 動物のコミュニケーション

図1-3 動物・人間の表情

上：敵意を抱いて他イヌに接近するイヌ
下：へりくだって愛慕を示す同じイヌ
　　　　　　　（リヴィエル氏描く）

イヌに嫌畏戦慄するネコ
　　　　（ウッド氏写生）

恐慄か嫌畏の戦慄
　（デュシェンヌ博士の写真から）

恐　慄

（出所）ダーウィン（1872）。

他方，ミードは W. M. ヴント★のジェスチュアに関する見解に強く賛成する。ミードによると，ヴントはジェスチュアを**行為の一部**と考え，ジェスチュアを**行為のはじめの側面**であると位置づけている。このことは十分注目していいとミードは言う。

　しかし，ヴントもダーウィンと同様に，ジェスチュアを情動表現および思考の表現と見なしてしまっている。これは誤っている。ミードによると，感情や思考などの内的なものは，本来，コミュニケーションを通じて生み出されてくるものである。

　また，ミードによると，ヴントにおいてジェスチュアは，模倣を通じて，他者のうちに自分と同じ感情を引き起こすものと考えられている。けれども，ジェスチュアが引き起こす他者の感情は，そのジェスチュアを行う人間の感情と同じものではない。一方の怒りの感情のジェスチュアは，他方に怒りの感情ではなく，恐れの感情を引き起こすからである。

　このように，ミードはダーウィンやヴントの見解を検討しながら，ジェスチュアはたんなる情動の外的表現ではなく，また，内的な感情や思考の外的な対応物でもないと主張する。そして，**ジェスチュアは社会的行為の最初の外的側面である**と強調する。

| ジェスチュアは他者に反応を引き起こさせる |

　ミードはヴントを批判する一方で，ヴントにしたがって，ジェスチュアを社会的行為の最初の外的側面，あるいは，外

★ヴント

Wundt, W. M.（1832-1920）　ドイツの哲学者，心理学者。とくに民族心理学や実験心理学の先駆者として有名である。主著として『生理学的心理学要綱』（1874），『民族心理学』（1900-20）などがある。

的・社会的行為の初期の段階と規定する。

　ミードにおいてジェスチュアとは，これから行為しようとする個体の構えを意味しており，個体が行為しようとしているが，実際はまだ行為となって現れていない**態度**（attitude）を表している。

　そして，このようなジェスチュアは，ミードによれば，1つの個体だけが持っているものではなく，**他の個体とのかかわりにおいて生じる社会的産物**である。ジェスチュアはたんなる行為ではなく，社会的行為となっている。したがって，それは他者に対して何らかの影響を及ぼすものとなる。

　1匹の犬が飛びかかろうとするジェスチュアを示すと，他の犬は逃げようとするジェスチュアを見せる。この逃げようとするジェスチュアは，飛びかかろうとする犬にとっては次の行動への刺激となる。また，ボクシングの選手が行うフェイントは他方のボクサーに防衛の構えをとらせる。その防衛の構えは，最初のボクサーに影響を与え，その攻め方を変えさせる。このようなことが交互に繰り返されて，そこに**ジェスチュアの会話**が行われる。

　ジェスチュアは1つの刺激として他者に一定の反応を引き起こさせる。このように他者の反応を引き起こすときに，ジェスチュアは意味を持つことになる。他者に何の反応も引き起こさない場合には，ジェスチュアは何の意味も持たない。ジェスチュアの意味は**他者の反応を表している**。

　ミードにおいて，意味とは人間の意識の状態をさしたり，心的な構成物を示すのではない。それは他者の反応として客観的に存在するものである。しかしまた，ミードによると，同時に，意味は意識されなければならない。そして，**人間はジェスチュアの意味を意識**して用いている。

人間はジェスチュアが引き起こす他者の反応をあらかじめ知ったうえで、自己のジェスチュアを行う。このことは一般の動物ではなされない人間固有の事柄である。ミードは、ここに人間のジェスチュアと動物のジェスチュアとの大きな相違を見いだしている。

2 人間のコミュニケーション

> **人間は他者の反応を予測する**

ミードによれば、意味には2つのものがある。1つは観察者が見た場合の意味であり、もう1つは行為者自身が意識している意味である。一般の動物においては、他の動物に反応を引き起こさせる自己のジェスチュアの意味を知っているわけではない。これに対して、人間はジェスチュアが引き起こす**他者の反応をあらかじめ予測**して、自己のジェスチュアを行っている。

しかも、見過ごせないのは、人間の場合は他者の反応のみならず、**自己の反応についても意識**していることである。他者の反応と自己の反応、およびその間の関係を意識していることが「**意味の意識**」である。そして、人間において「意味の意識」が存在するのは、人間が「**音声ジェスチュア**（vocal gesture）」を行うことができるからである。

人間は自分が発する「音声」を他者に聞かれるだけでなく、自分自身もまた聞くことができる。人間の「音声」は他者と自己との両方の耳に入っていく。そのことによって、人間は自分の「音声」が相手に対してどのような反応を引き起こすのかを考えうる

図1-4 意味のあるシンボル

自己 ←意味のあるシンボル→ 他者

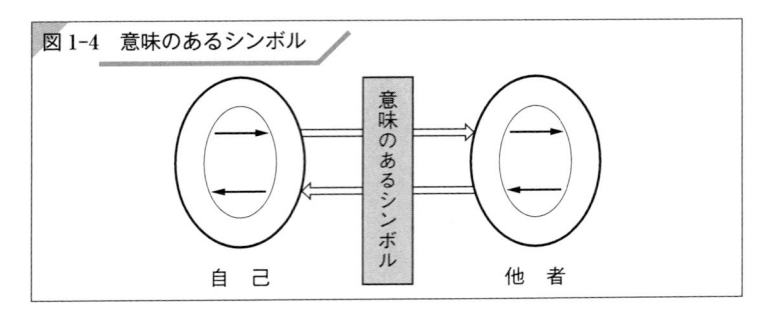

ようになる。つまり、他者のうちに引き起こすのと同一の反応を自己のうちに引き起こすことができる。

そして、このように、他者のうちに引き起こすのと同一の反応を自己のうちに引き起こすような「音声ジェスチュア」をさして、ミードは「**意味のあるシンボル**（significant symbol）」と呼ぶ。「窓を閉めてください」という「音声」は、他の人に「窓を閉める」という反応を引き起こすが、自己のうちにおいても「窓を閉める」という同一の反応を引き起こさせる。

このように、「意味のあるシンボル」は他者のうちに一定の反応を引き起こすとともに、それと同一の反応を自己のうちに引き起こす。他者にも自己にも同一の反応を引き起こすような「音声ジェスチュア」が「意味のあるシンボル」である。このような「意味のあるシンボル」は人間に特有なものである。

同一反応は内的である

ミードによると、人間以外の動物においては、「音声ジェスチュア」によって他の動物に引き起こすものと同一の反応を自己のうちに引き起こすことはない。オウムや九官鳥も「音声」を発するが、しかし、自分のしゃべっていることが他の鳥に一定の反応を引き起こすこと

を意識しないし，他の鳥に対するのと同じ仕方で自分自身を刺激することはない。

これに対して，人間の場合は，他者のうちに引き起こすのと**同一の反応を自己のうちに引き起こす**ことができる。ミードによれば，人間は他者を刺激するのと同じように自分を刺激でき，他者の刺激に反応するように自分の刺激に反応できる。この場合の「反応」とは，**外的なものではなく，内的なものである**。「同一の反応」とは，他者と自己の双方において同一の外的行動が生じることを意味しない。それは外的行動ではなく，内的行為が生まれることである。

たとえば，「窓を閉めてください」という音声は，相手に対して「窓を閉める」という外的行動を実際に引き起こさせる。けれども，それをしゃべった本人みずからが「窓を閉める」という外的行動を引き起こすわけではない。本人が引き起こすのは「窓を閉める」という行動のイメージ，すなわち，外的行動としては現れていない内的な反応である。

つまり，「同一の反応」とは外的で観察可能な行動を意味しない。それは内的でメンタルなものである。ミードによれば，「ジェスチュアは，他者に外的に（explicitly）引き起こす（またはそう考えられる）反応と同一の反応を，ジェスチュアを行う人間のうちに内的に（implicitly）引き起こす場合に，『意味のあるシンボル』となる」（ミード［1973］）。

このような内的な反応は，具体的には，自分の行動を行う準備状態，つまり，「態度」を表している。「態度」とは外的な行動を行う人々の構えを意味する。それは，のちに外的な行動を生み出すものであり，外的な行動に先立って発生するものである。そし

て，ジェスチュアの意味が他者の反応であるならば，こうした内的な反応である「態度」が，「**意味のあるシンボル**」の「**意味**」ということになる。

ミードによると，個人が自分に対する他者の態度を取得し，自分のうちに行為への構えを引き起こすかぎりにおいて，個人は自己に対してジェスチュアの意味を表示していることになる。したがって，同一の反応を引き起こすとは，同一の意味を自己と他者が分け持つこと，つまり，意味を共有することを表している。

このように，「意味のあるシンボル」によって行為者の間に意味の共有がなされる。そこに「**ユニバース・オブ・ディスコース**（universe of discourse）」が生まれる。「ユニバース・オブ・ディスコース」とは，人々が互いに分け持つことのできる共通の意味世界である。

このような「ユニバース・オブ・ディスコース」が形づくられると，そこに人間の「**社会性**（sociality）」がもたらされる。「社会性」は，このような意味の共有を前提として生み出され，そこから新たなものが生み出される基盤となる。

ミードは，ここから，人間の内的コミュニケーションの存在をクローズアップして，既成の意味を超える新たなものの創出という事実を解明する。

3 内的コミュニケーション

人間は自己を内省する

ミード自身は，既成の意味を超えた新たな意味が生み出されることを，とりわけ

図 1-5　問題的状況

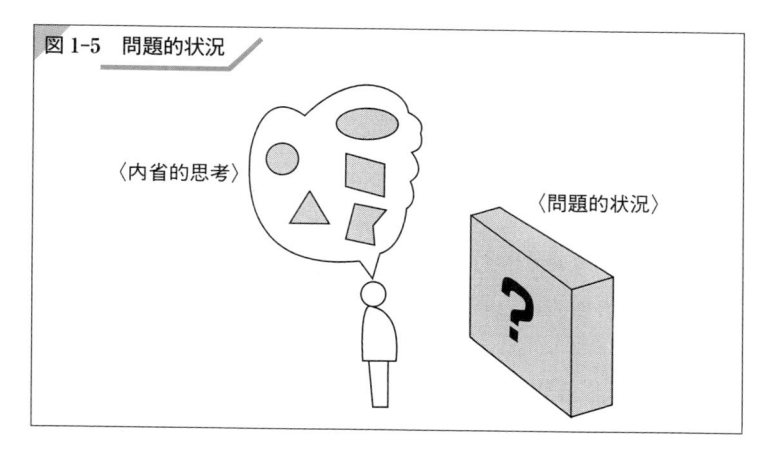

〈内省的思考〉　　　　〈問題的状況〉

「内省的思考」を考察することにおいて明らかにしている。「内省的思考」とは問題を解決する人間の能力を表している。それは「意味のあるシンボル」を通じて，人間が他者とかかわり，同時に自己ともかかわって，自己を内省することから生じる。したがって，内省的思考は他者とのかかわりによって生み出される社会的な過程である。

このような内省的思考は，日常生活においてつねに顕在化しているわけではない。人間が障害や妨害また禁止などに出会い，従来の行為様式が役に立たなくなる「**問題的状況（problematic situation）**」において，それは活性化する。

「問題的状況」において，これまでの習慣的行為が一時停止し，反応がすぐには生じない「**遅延反応（delayed response）**」が示される。行為が停止し，反応が遅れている間に，内省的思考が活発化するようになる。その状況にどう対応しようか，自分の内部においてあれこれ考えることになる。

この内省的思考において，「意味のあるシンボル」の「意味」，

つまり他者の態度が具体的にイメージ表示される。他者がどのように考えているかを推測する。そして，それに関連して自己の態度がイメージ表示される。自分はどうしようかを想定する。このことによって，自己と他者との関係が再構成され，新たな行為の可能性が追求されるようになる。ミードによると，内省的思考は現在の行動の問題を，過去と未来の両方に照らして，あるいは，それらとの関連において解決しうる能力である。

このような内省的思考を中心とする内的コミュニケーションの展開によって，問題的状況が乗り越えられ，新しい状況が生み出されてくることになる。人間の自己内省化による新たなものの創造という意味で，このことを「**創発的内省**（emergent reflexivity）」と呼ぶことができる。「創発的内省」とは，他者の態度を通じて自己の内面を省みて，過去および未来と関連づけながら，新たな世界を創造することを表している。

このような「創発的内省」の活発化によって，内的コミュニケーションは外的コミュニケーションのたんなる平行現象であったり，それをただ内在化しただけのものにとどまらなくなる。それは，それ独自の自律的展開を行うダイナミックな過程となる。このような内的コミュニケーションの存在は，人間のコミュニケーションを他の動物のコミュニケーションのあり方から区別させることになる。

人間は自分自身と相互作用する

アメリカの社会学者 H. ブルーマー★の言葉を用いれば，人間は「**自分自身との相互作用**（self interaction）」を行う。人間は自我を持つ存在として，物事や他者を対象化するのと同じよ

図 1-6　自分自身との相互作用

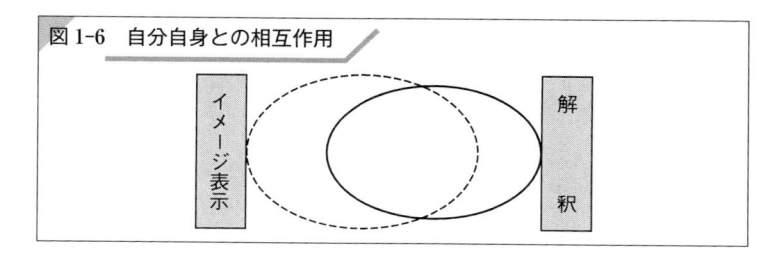

（図：左に「イメージ表示」、右に「解釈」、中央に重なり合う楕円）

うに，自分自身を対象化できる。そこから，自分自身を認識でき，自分自身の観念を持ち，自分自身とコミュニケーションでき，自分自身に向かって行為できるようになる（ブルーマー［1991］）。

この「自分自身との相互作用」は，他の人間との社会的相互作用を内在化したものである。しかし，それは社会的相互作用のたんなるミニチュア版を意味せずに，そこには独自の展開がなされている。「自分自身との相互作用」において，**他者の期待がイメージ表示される**。このイメージ表示においては，他者の期待はその背景の社会的脈絡から分離されて，一定の意味が付与される。相手の期待していることがいったいどのような意味を持っているのかが考えられるようになる。

そして，そのイメージ表示されたものが**自己の立場や行為の方向にしたがって解釈**される。解釈においては，その意味が選択さ

★ブルーマー ─────────

Blumer, H. (1900-87)　シンボリック相互作用論の命名者。シカゴ大学，カリフォルニア大学バークレー校教授。G. H. ミードの理論を現代において復活し，人間の主体性と過程としての社会のあり方を問題とした。主著として『シンボリック相互作用論』(1969)，『社会変動のエージェントとしての産業化』(1990)，『ジョージ・ハーバート・ミードと人間行為』(2004) などがある。

れ，チェックされ，留保され，再分類され，変容される。相手の期待の意味を解釈して，それをとらえ直し，修正し，変更し，再構成する。そこに新たなものが生み出されることになる。

「自分自身との相互作用」においては，状況が具体的にイメージされ，そこにおける問題点が明らかにされる。問題的状況は「自分自身との相互作用」を通じて克服されるようになる。「自分自身との相互作用」の展開によって，人間は他者の期待や社会の規範に働きかけることができる。そして，それらを変容し，新しいものを創造しうるようになる。人間は「自分自身との相互作用」を通じて，主体的行為を形成でき，社会を創造的に構築できることになる。

このように，人間は他者との社会的コミュニケーションのみならず，自分自身との内的コミュニケーションも行っている。そして，**内的コミュニケーションの展開によって新たなものの創造**がなされるようになる。

人間のコミュニケーションは，たんに刺激に対する反応として生じたり，また送り手からの情報をただ受け取るだけで成り立っているわけではない。それは刺激や情報に意味を付与し，それらをとらえ直すこともなされており，またその内容を修正，変更，再構成することも行われている。

そして，人間においてコミュニケーションは一方通行ではなく，**双方向的**であり，互いに情報を作り，送り，受け取り，送り返すことがなされている。しかも，それはたんなる循環反応として繰り返されるものではない。各人の内的コミュニケーションの活性化によって，常に変化・変容し，新たなものが生み出されるダイナミックな過程として展開している。

Reference 参考文献

アモン,A.［1979］,『チンパンジーの言語学習』岡野恒也訳,玉川大学出版部(原著,1976)。

ヴント,W.［1985］,『身振り語の心理』中野善達監訳,福村出版(原著,1900)。

グリフィン,D.R.［1995］,『動物の心』長野敬ほか訳,青土社(原著,1992)。

ダーウィン,C.［1983］,「人間および動物の表情」(『ダーウィン——人類の知的遺産』47)吉松広延訳,講談社(原著,1872)。

デティアー,V.G.ほか［1973］,『動物の行動』第3版日高敏隆ほか訳,岩波書店(原著,1961)。

フリッシュ,K.v.［1975］,『ミツバチの生活から』桑原万寿太郎訳,岩波書店(原著,1927)。

プリマック,A.J.［1978］,『チンパンジー読み書きを習う』中野尚彦訳,思索社(原著,1976)。

ブルーマー,H.［1991］,『シンボリック相互作用論』後藤将之訳,勁草書房(原著,1969)。

松沢哲郎［1991］,『チンパンジー・マインド——心と認識の世界』岩波書店。

ミード,G.H.［1973］,『精神・自我・社会』稲葉三千男ほか訳,青木書店(原著,1934)。

宮司正男［1982］,『動物社会心理学』勁草書房。

第2章 自我とコミュニケーション

遊びの中からも自我は形成される

（共同通信社提供）

1 自我と他者

> 孤独な人間も他者とかかわる

吉本ばななのベストセラー小説「キッチン」[1987]（『キッチン』[1988] 収録）の主人公みかげは，おばあさんの突然の死で天涯孤独な人間となってしまった。でも，みかげはとくにさびしいとは思わない。むしろ家族のしがらみから解放されて自由になったと感じている様子である。みかげには生活感がきわめて薄く，**他の人間に対してあまり関心を持っていない**。作品のストーリー展開のテンポの速さと作者の文章の軽いタッチがこのことをよく表現している。

ひとりぼっちになったみかげは，花屋でアルバイトをしている雄一，そしてゲイバーにつとめている雄一の父親と同じ屋根の下に住むようになる。しかし，お互いの関係はクールで，一緒に住んでいてもすれ違いが多く，「この家で全員が揃うことはほとんどなかった」という。そして，雄一の父が不慮の出来事で殺されてしまったあとも，2人はなお，つかず離れずの関係にあった。

けれども，そのみかげが自分以外の人間の存在を強く意識するようになる。続いて書かれた小説「満月——キッチン2」[1988]（『キッチン』[1988] 収録）において，料理学校の先生のアシスタントとして伊豆に行ったみかげが，近くの食堂で食べたカツ丼をとてもおいしいと思った。そこで，そのカツ丼を遠くのⅠ市にいる雄一に，どうしても食べてもらおうと思い，矢も楯もたまらず，深夜，タクシーで何時間もかけてそれを届けた。

Material ③

……それは私にとってごく当然のおこないのように思えたのです。たぶんそれは本当の私ではなかったのだと思います。そうとしか思えません。でも果たして本当にそうなのでしょうか。そんなに簡単に話は済むのでしょうか。それでは本当の私とはいったいどの私なのでしょう。今この手紙を書いているこの私を「本当の私」だと考える正当な根拠があるのでしょうか。私は自分というものをそれほど確信することができませんでしたし、今でもまだできないのです。

「すると君はまだしばらくここにいるんだね?」と僕は言った。
「そうね。まだしばらくはここにいると思う。もっと時間がたったら、私はまたちゃんと学校に行きたいと思うかもしれない。それともそんなこと思わないで、誰かとさっさと結婚しちゃうかもしれない——というようなことはまずないと思うけどね」、笠原メイはそう言って、白い息をはいて笑った。「でもとにかくしばらくのあいだはここにいると思うな。私にはもう少しものを考える時間が必要なのね。自分が本当は何をしたいのか、本当はどんなところに行きたいのか、そういうことを私はゆっくり考えたいの」

(村上春樹『ねじまき鳥クロニクル 第3部 鳥刺し男編』484, 488頁〔新潮社, 1995年〕)

カツ丼を食べる雄一の横顔を見ながら、みかげが「幸福って何だろう」と聞いたのに対して、雄一が「幸福とは、自分が実はひとりだということを、なるべく感じなくていい人生だ」と答えている。

孤独な者同士のかかわりがさわやかに描かれ、ほのぼのとした後味を感じさせる。孤独な人間は孤独のままでいることができないで、誰か他の人を求め、他者との関係において自己を確認しようとする。このように、**人間の自我は他者とのかかわりにおいて社**

会的に形づくられている。

　村上春樹も，他者のまなざしが希薄であったり，ときに不在であるような人間像を主に描いてきた。その村上も登場人物の生き方において他者とのかかわりを追い求めている。『ノルウェイの森』(1987) の主人公トオルや『国境の南，太陽の西』(1992) のハジメ，そして『ねじまき鳥クロニクル』(1995) のトオルも孤独で，しかも自分から積極的にことを行うことがない人間である。彼らはクールで，他の人間とはいわば**植物的関係**の中にいる。しかし，このような人間も他の人間とのかかわりを求める方向に向かっている。

　『ノルウェイの森』のトオルの亡き友だちの恋人の直子，その直子の病室での友だちレイコが「誰でも理解されなくてもよいと思っているわけではない。理解しあいたいと思う相手だっています」と述べている。また，ハジメは「孤独は寂しい」と思うようになり，初恋の人島本さんとふたたび親しい関係を持ちたいと強く思うようになった。そして「僕はもう二度と孤独になりたくない。もう一度孤独になるなら死んでしまった方がいい」と訴えている。彼らも**親しい他者とのかかわりにおける自我形成**を試みている。

「オタク」も他者を求めている

　そして，このことは孤独を求める「オタク」の自我に関してもあてはまりうる。彼らもまた他の人間とのかかわりを強く求めている。しかし，過保護で育てられたがゆえに，確固とした自我が確立しておらず，うまくコミュニケーションができない。中島梓によると，「オタク」は「**コミュニケーション不全症候群**」

にとらわれている（中島［1991］）。

「コミュニケーション不全症候群」とは，他者の存在に対する想像力が欠如している状態をさす。それは社交下手や人嫌いではなく，他者の言うことをよく聞かないまま，一方的に他者をやっつけてしまうことである。

にもかかわらず，彼らも他者と関係しながら生きていかなければならない。そこで他者とのかかわりはモノを介してのコミュニケーションという形態をとる。しかし，**モノを媒介としているため，他者をモノと見，そしてまた自己をモノと見る**ようになる。彼らの持っている紙袋，フィギュア，プラモデルは彼らの自我を表し，また彼らを外界から守ってくれるものでもある。したがって，それを奪うものに対しては激しく反発し，攻撃することになる。それは自己の自我がなくなってしまうからである。

このように，「オタク」もまた他者との関連を求めている。人間の自我が社会的であるからである。しかし，モノを媒介とするため，他者も自己もモノと見てしまうようになる。「オタク」はモノを求め，それによってモノ的自我を形成することになる。

人間の自我は他者とのコミュニケーションの中の自我であり，他者とのかかわりにおける自我を表す。自我はつねに他の人間とのかかわりにおいて社会的に形づくられる。孤独を求めるものも実は他者を求めている。つまり，孤独と他者とのかかわりは強い。

インティメート型自我が増えている

アメリカの社会学者R.H.ターナー★も現代人における**親しい他者とのかかわりにおける自我**が増加していることを指摘している。彼は，現代人の自我の動向を「制度的自我」から「イ

1　自我と他者　　37

図 2-1 現代人の自我

```
                        制　　度
                          │
                          │
    達 成 主 義     │     利 他 主 義
イ                        │                        イ
ン                        │                        ン
パ                        │                        タ
ー  ──────────────┼──────────────  ー
ソ                        │                        パ
ナ                        │                        ー
ル                        │                        ソ
                          │                        ナ
    インパルス解放   │     インティメート           ル
                          │
                          │
                       インパルス
```

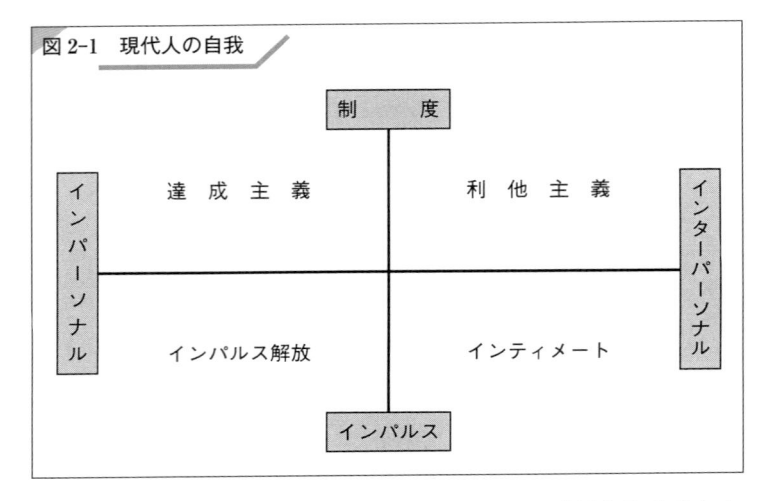

ンパルス的自我」への移行として規定している。「制度的自我」とは，社会的規範・価値，理想に同調するときに真の自我を感じるものであり，「インパルス的自我」とは，それらから解放されたときに真の自我を感じるものである。

このような「制度的自我」から「インパルス的自我」への移行は1960年代の若者，女性，そしてマイノリティの運動に表現されている。人々は規範や価値に誠実であるということに疑問を感じ，それから離れ，本当の自分を求めて「インパルス的自我」へと変わっていったのである（Turner, 1976）。

しかし，ターナーによると，「インパルス的自我」には2つある。1つは「**インパルス解放**」型であり，もう1つは「**インティメ**

★ターナー────────────────
Turner, R. H.（1919-　） アメリカの社会学者，シンボリック相互作用論の中心的研究者。また社会移動，準拠集団，役割理論，集合行動，災害など幅広い関心を持ち，多くの研究業績を上げている。

表2-1 現代人の自我

(カリフォルニア大学ロサンゼルス校, 1973) (%)

	達成主義	利他主義	インパルス解放	インティメート
男	22	22	23	33
女	16	10	24	50
信者	16	20	23	42
非信者	25	11	24	40
既婚	22	17	30	30
未婚	19	16	23	42

(Turner & Schutte, 1981)

ート」型である。「インパルス解放」型とは、インパルスを解放したときに自己の満足や解放感を感じる自我であり、「インティメート」型とは、親しい人間との間に安らぎを感じ、そこに真の自己を見いだすものである。

ターナーは現代人の自我のタイプ分けにおいて、「制度」と「インパルス」の軸に加えて、「インパーソナル」と「インターパーソナル」の軸を追加した。「インパーソナル」とは非個人的、非人格的で、具体的人間を考慮することがないことであり、「インターパーソナル」とは人間相互の、対人的で、具体的な人間を考慮し、それとのかかわりを重視することである。

したがって、「制度」と「インパーソナル」のセルには、目標達成的自我である「達成主義」型が、「制度」と「インターパーソナル」のセルには、制度の枠の中で具体的人間を考慮し、それとのかかわりを重視する「利他主義」型が考えられる。そして「インパルス」と「インパーソナル」のセルには「インパルス解放」型が、「インパルス」と「インターパーソナル」のセルには「インティメート」型が入ることになる（➡図2-1）。

このように，「インパルス的自我」といっても「インパルス解放」型と「インティメート」型がある。そして「インティメート」型は女性，信者，未婚に多くなっており，全体の比率も「インティメート」型が多くなっている（➡表2-1）。

　このように人間の自我は完全に孤立したものではなく，親しい人間とのかかわりにおいて社会的に形づくられるものである。自我は他者とのコミュニケーションを通じて形成され，また変容する自我であり，社会的な自我なのである。このような自我のあり方を理解する必要がある。

2 自我の社会性

自我は「鏡に映った自我」として現れる

　人間の自我はこれまで孤立したものと考えられてきた。デカルトの「**ワレ思う，ゆえにワレあり**」の言葉に代表されるように，自我の孤立性が自明のものとされてきた（デカルト[1949]）。そこでは自我は社会に先行して存在すると考えられ，他者の存在は無視され，また否定されていた。その自我は個人主義的，さらには利己主義的人間のイメージが色濃く存していた。

　このような**孤立的な近代的自我**の観念は近代社会の成立とともに登場し，封建社会を打破し，自由で独立的な近代的人間のあり方をさしている。それはフランス革命の精神的支柱となったといわれるように，歴史的に意義のあるものであった。しかし，それは時代の進展につれて，しだいに，自己中心的なものとなり，他者の存在を考慮せず，また自己目的の手段として利用するような

エゴイズムとなっていった。そこに生み出されるのは，人々がバラバラで互いに結びつくことのない社会のアノミー状況である。

けれども，人間の自我はあくまで他の人間とともにある社会的存在である。それは決して孤立したものではなく，つねに他の人間とのかかわりにおいて社会的に生まれ，社会的に発達するものである。このような**自我の社会性**を理解することによってはじめて，近代的自我を乗り越えることができるようになる。

アメリカの社会学者C.H.クーリー★は，この自我の社会性を「**鏡に映った自我**（looking-glass self）」として表現している。クーリーによると，人間の自我は他者を鏡として，鏡としての他者を通じて知ることができる。人間は自分の顔や姿を自分で直接に見ることができないが，しかし，それらは鏡に映すことによって具体的に分かる。それと同じように，**人間の自我は他者を鏡として，鏡としての他者を通じて知ることができる。**

自我は「鏡に映った自我」として具体的に現れるものである。親，兄弟姉妹，また友だちや恋人がどう見ているか，どう評価しているかを知ることによって自分の自我のあり方を知ることができる。自我はこのように他者との関連で社会的に形成される。

クーリーによると，このような他者とのかかわりは3つの側面

★クーリー
Cooley, C.H.（1864-1929）アメリカの社会学者。「第1次集団」（家族，遊び仲間など，直接的接触に基づく親密な関係からなる集団）や「鏡に映った自我」の概念で有名。主著として『人間性と社会秩序』（1902），『社会組織論』（1909），『社会過程』（1918）がある。

においてなされる。第1は，他の人間がどのように「**認識**」しているかについての想像，第2は，他の人間がどのように「**評価**」しているかについての想像，そして，第3に，これらに対して**自分が持つ「感情」**である。第2の「評価」は物としての鏡にはなく，人間の鏡としての他者においてはじめて行われうる（クーリー［1921］）。

このような他者の認識と評価についての想像，およびそれに関する自己の感情から自我が成り立っている。自我はこのような形において他者との関連で社会的に形成される。他の人間によって，自分たちの仲間とみられ，しかも，「将来有望」「人格者」，あるいはまた「エリート」として尊敬に値する人物と考えられ，自分もまた，それを誇りに思っている人間の自我は大きく豊かなものとなる。しかし，他の人間によって，その存在が軽視されたり，無視されたり，さらには，「ヨソもの」「落ちこぼれ」「窓際族」などと否定的に評価されて，まったくの失意の状態にある人間の自我は縮小し，また崩壊してしまう恐れがある。

「ワレワレ」思う，ゆえにワレあり

人間の自我はこのように他の人間とのかかわりにおいて社会的に形成される。ここから，クーリーはデカルトの「ワレ思う，ゆえにワレあり」はきわめて不十分な表現であるという。なぜならば，「ワレ」は人間の誕生とともに存在するのではなく，成長がかなり進んだ段階にはじめて現れてくるものだからである。赤ん坊が最初から自我を持っているわけではない。自我はしだいに形成されてくるものである。

「ワレ」は「ワレワレ」の中に生まれるものであり，「ワレ」は

Material 4

「個」と戦後 ⑩

瀬戸内 寂聴

自らに忠実に突き進み
いま他者と生きる「私」

(『朝日新聞』1995年8月15日夕刊)

つねに「ワレワレ」になるものだからである。したがって、ここから、「ワレ思う、ゆえにワレあり」ではなく、「**ワレワレ思う、ゆえにワレあり**」がより適切な表現であるということになる。

クーリーはこのような考え方を彼の2人の子どもの観察を通じて導き出した。クーリーによると、小さな子どもは、ボールや人形などの事物に関する言葉を比較的早く用いるが、ボクとかワタシという人称に関する言葉はすぐには使わない。人称に関する言

2 自我の社会性　43

葉の使用はかなりむずかしい。それは，事物に関する言葉は親の使った言葉をそのまま模倣すればよいが，人称に関する言葉は，たんなる模倣による使用では意味をなさないからである。「キミは誰」と聞かれて「キミは」で答えるわけにはいかない。その場合には，「キミは」ではなく，「ボク（ワタシ）は」と変えて答えなければならない。このことができるようになるには，かなりの期間が必要とされる。

　子どもは，そのためには，相手の立場に立ち，**相手との関連において自分を位置づける能力**を獲得しなければならない。クーリーによれば，子どもが自己主張するには他者を認識することが前提とされる。自己主張は他者に向かってなされ，他者によって理解されなければならない。自分の意志や感情を相手に伝えようとするときに，ボクやワタシという言葉が用いられるようになる。ボクやワタシは社会的な概念であり，それらは他者とのかかわりにおける自分を表している。そこにおいて，子どものうちに自我の観念が生じてくる。

　このように人間の自我は，本来，他者とのかかわりにおいて社会的に形成される。他者とのコミュニケーションを通じて自己の自我が形づくられることになる。クーリーの「鏡に映った自我」は人間の自我の社会性を見事に表現したものであり，またその概念は**自我の社会理論の出発点**となっている。

現代的自我は「柔らかい自我」となる

　こんにち，近代的自我の思想的基盤ともいうべき**近代個人主義**が変容してきている。山崎正和によると，個人主義には**堅い個人主義と柔らかい個人主義**の2つがある（山崎［1984］）。

堅い個人主義は,従来の自我のイメージであり,それは信条を貫いて変わらぬ精神的自我であり,感情に動かされることなく,理性的であり続けようとする自我である。そして,それ自体不可分な統一体であり,他者とは一線を画し,対立するものと考えられている。

　堅い個人主義は産業社会という生産中心の社会の自我のあり方であり,「自己を生産の目的として,また手段として考える自我」である。したがって,それは我慢,倹約,無駄のない生活の仕方を行い,しかも,他の人間を目的達成の手段と見なしている。このような堅い個人主義は近代産業社会の歴史的産物であり,それは他者に対して傲慢で,独善的な自我である。

　これに対して,柔らかい個人主義は現代消費社会における自我のあり方を表す。それは目的実現のために自分を限定しない自我であり,また同時に,他の人の目を気にする自我である。それは他者の評価の中に自己の実現をめざし,他者を内に含んだ自我である。

　山崎は,この柔らかい個人主義の基盤は「**顔の見える大衆社会**」であるという。生産社会では他者は「世間」という顔のない他人であったが,消費社会では顔の見える他者となっている。そして,この自我は,親しい他者の観点を取り入れて自我を形成する。それは他者に依存する点において独善的ではなく,ソフトな自我であり,柔らかい個人主義となっている。

　山崎のいうように,現代人の自我は親しい他者とのかかわりにおいて社会的に形成されている。そして,近代人の自我も決して他者を無視しているのではなく,また他者の目を気にしている。**ホモ・エコノミクス**として近代的自我のあり方を描いたアダム・

スミス★も,「人間は常に他の人間の過不足に関心をもつものだ」という(スミス [1973])。

スミスによると,人間の本性のうちに他者への関心,同情,同感が存している。また,人間は自分の容姿や外見について他の人間がどう評価するかを気にする。そして自分自身を他の人々の目でもって見るように努力している。近代の個人主義も他者関連的であり,それもまた,柔らかい個人主義となっている。このように,自我は近代においても,また現代においても社会的である。人間の自我はつねに社会的であり,**自我は本質的に社会的である**といえる。

| 自我は役割取得によって形成される |

クーリーによって鋭く指摘された自我の社会性について,それをより具体的に明らかにしたのがG. H. ミードである。ミードは,デカルトのような自我の孤立説では自我がどこから生まれるのか説明できないと批判する。そして,**社会は自我につねに先行して存在し,自我は社会から生まれ,そこにおける社会的経験と社会的活動の過程において生み出されてくる**と主張した。

ミードによると,自我はそれ自体として自然発生したものではない。それは他者の態度,期待,パースペクティブとの関連において生み出されてくるものである。人間の自我は他者の期待を自らのうちに取り入れるという「**役割取得(role-taking)**」を通じて具体的に形づくられる。父や母の「こうなってほしい」とか,友

★アダム・スミス──────────────
Smith, A.(1723-90) イギリスの経済学者。古典派経済学の完成者。『国富論』(1776),『道徳感情論』(1759)で有名。

だちや先生，先輩などの「こうすべきである」とかの期待や要請を知り，それを受け入れることによって，自我が他者との関連において社会的に生み出される。

人間は幼児期において，母親の期待を受け入れることによって自我を形成する。母親が笑い顔を見せ，喜びの声をあげ，ほめ言葉を述べるならば，それに沿うような自我の形成が促進され，母親が叱ったり，悲しそうな顔をすると，そのような自我形成はしだいに行われなくなる。

そして，ミードによると，このような自我形成にかかわる**他者は１人ではなく，複数存在している**。父母，兄弟姉妹，祖父母，遊び仲間，先生など多く存している。他者は人間の成長・発達や社会の変化・変動によって変容する。

父親は家族における地位の低下と権威の失墜によって，こんにち，これまでの父の座を母親に明け渡している。また子どもの成長にともなって，自我形成にかかわる他者は親から友だちに移行する。人間が社会的に取り結ぶ関係によって，多くの他者の多様な期待が自我形成にかかわってくる。

そして，このような複数の他者の期待の間につねに調和が存するわけではなく，ズレや対立，また矛盾がある場合も少なくない。現代社会においてはとりわけ，複数の他者の期待の間に完全な一致を見ることは少ない。家族内部での期待の不一致の存在，家族と友だちや会社の期待との間の対立の発生は，もはや日常的な出来事となっている。

> 「一般化された他者」が生み出される

このように、複数の、ときに対立することもある他者とのかかわりにおいて自我が形成される過程について、ミードは「**一般化された他者**（generalized other）」の概念を用いて解明している。「一般化された他者」とは、複数の他者の期待をまとめあげ、組織化し、一般化した期待のことである。「一般化された他者」の期待を取り入れることによって自我が形成される。ミードによると、この「一般化された他者」は子どものゲーム遊びにおいて形づくられる。

ミードは子どもの自我形成を2つの段階に分けて考察している。第1の段階はままごとなどの「ごっこ遊び」の「**プレイ（play）」段階**である。「プレイ」段階において、子どもは「ごっこ遊び」の中で母や父、また先生やお巡りさんなどの役割を演じる。このような役割を演じることによって、子どもは親や大人の態度や期待を自己に結びつけて知るようになる。そのことを通じて、子どもは自分のあり方を理解するようになる。

そして、子どもは成長するにつれて、多くの人々にかかわるようになり、さまざまな期待に直面するようになる。複数の他者の期待はつねに一致し、また調和し合っているわけではない。その間にズレや対立が存在することもまれではない。そのような場合、子どもは混乱し、「**役割コンフリクト**」状況（➡51頁）に陥る場合も少なくない。

しかし、このようなコンフリクト状況を避け、またそれを克服するために、子どもは、ふつう、複数の他者の期待をまとめあげ、組織化し、一般化することを行う。そして、組織化し、一般化した「一般化された他者」の期待との関連において、子どもは自分

の自我を形づくるようになる。

このような「一般化された他者」の期待が，野球やサッカーなどのゲーム遊びにおいて形づくられることから，この段階は「ゲーム（game）」段階と呼ばれる。ゲームに加わる子どもは，複数の参加者の期待を組織化し，一般化しないかぎり，ゲームの面白さや楽しさを十分に享受することができない。

ゲーム遊びには「一般化された他者」の期待の形成が必要不可欠である。そして，このような「ゲーム」段階においてはじめて，自我の発達が十全な形において成し遂げられることになる。

| 他者は時間的・空間的に拡大される

ミードは，このような考え方を子どもの自我形成のみならず，さらに，大人の自我形成に関しても当てはめている。大人の自我形成において，「一般化された他者」は**コミュニティ全体の態度**を表している。この場合，コミュニティは地域社会のみならず，国民社会，そして国際社会にまで広げられる。そのように広げられた範囲における「一般化された他者」の期待との関連において自我が形づくられることになる。

ミードは，人種対立や階級間の対立，そして国家間の対立も，このような「一般化された他者」の形成と取得によって解決されると考えていた。そして，人種，階級，国家を超えて最大限に拡大されると，普遍的な「一般化された他者」が生まれる。

彼は，いかなる大国も小国の立場に立ち自己の利害を主張すべきであり，いかなる小国も大国の立場に立ち自己の利害を主張すべきであるという「**国際心（international mindedness）**」の必要性を強調した。

2　自我の社会性

そして，ミードにおいて，**自我の社会性は空間的な広がりのみならず，時間的な広がりにおいてもまた考えられている**。人間の自我は「現在」の他者だけではなく，「過去」の他者によって自己を条件づけられ，また「未来」の他者との関連において方向づけられる。しかし，自我の社会性は，このような時間性を帯びることによって複雑な様相を呈することになる。過去，現在，未来という時間的に異なるものは，同一時点において同時に存在することが不可能だからである。

　空間レベルの社会性が複数の他者の期待の間の調整によってなされるのに対して，時間レベルの社会性は，過去，現在，未来が相互に排他的であるので，他者の期待の一般化は，新たなものの創出にもとづく新しい世界での再構成が必要となる。過去は記憶における過去として，未来は想像における未来として，それぞれが相対化され，再構成されて，**新しい原理でもって再組織化される**ことになる。このような創発性にもとづいて自我が新たに形成されるようになる。

　他者の範囲が空間的・時間的に広がることにともなって，より拡大した「一般化された他者」の期待が形成されるようになる。そして，それとの関連において，自我はその社会性がいっそう拡大されて展開していくことになる。自我は空間的・時間的な他者との直接・間接，記憶・想像のコミュニケーションを通じて形成されるようになる。

Material ⑤

　鉄の首枷をはめられ，その辛さに耐えて死を待ちながら行長は何を思ったか。イエスは他人(ひとびと)のために十字架を背負った。思えば彼の一生は自分のために鉄の首枷をいつもはめられたようなものだった。彼は秀吉にその首枷をはめられて朝鮮で不本意な，長い戦いを行わねばならなかった。彼は自分の世俗的な野心のため我と我自らで首枷をはめてきたのである。右近のようにその首枷を投げ棄て信仰ひとすじに生きるにはあまり弱すぎたからである。

　だが今，死が確実に迫っている。行長がはじめておのれの信仰を孤独のなかで嚙みしめる。長い間，彼の信仰はその俗的な野心のため，必ずしも純粋とは言えなかった。右近追放後，彼は切支丹宣教師のために力を貸し，助けもしたがその気持には世俗的野心もまじっていた筈である。だが今，死刑を前にして信仰以外に何に頼り，何を支えとできるだろう。切支丹である彼がこの自分を十字架を背負わされゴルゴタの丘に歩かされるイエスと比べて，そこに慰めを見出さなかった筈はない。

(遠藤周作『鉄の首枷』259頁〔中央公論社，1977年〕)

3 自我と役割コンフリクト

役割期待が対立する

　人間の自我形成にかかわる複数の他者の期待は必ずしも同一のものではない。親の期待と友だちの期待，また上役の期待と部下の期待が一致しないことは，こんにち，ごく当たり前のこととなっている。このように，他者の期待の間にズレや対立が存在する状況が「**役割コンフリクト（role conflict）**」と呼ばれるものである。そして，この役割コンフリクト状況に置かれると，多くの人々は悩み，苦しみ，

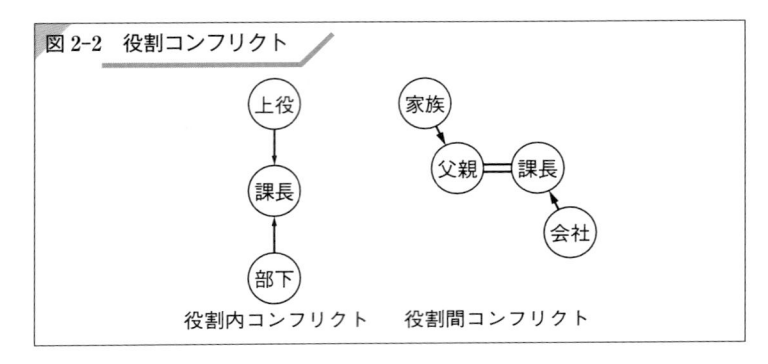

```
図2-2  役割コンフリクト

        上役              家族
         ↓                 ↓
        課長          父親═課長
         ↑                 ↑
        部下               会社

    役割内コンフリクト    役割間コンフリクト
```

葛藤を経験するようになる。

　この役割コンフリクトは，こんにちにおいて，特定の人だけがぶつかるものではなくなっている。現代社会においては，すべての人間が，程度の差はあれ，役割コンフリクトを経験せざるをえなくなっている。それは社会のあり方が分化し，複雑化し，変化・変動の著しいものとなっているからである。そこにおいて，役割期待は相互に調和するよりも，ズレや対立が目立つものとなっている。人々は相矛盾する他者の期待にしばしば直面する。そして，ときに，精神的また身体的な病に陥ることがある。

　このような役割コンフリクトには「**役割内コンフリクト**（intra-role conflict）」と「**役割間コンフリクト**（inter-role conflict）」の2つの主要なタイプがある。「役割内コンフリクト」とは，ひとが一定の地位につくことによって相異なる期待が自分に向けられる状況である。会社において，課長という地位についた人間は，上役からは規則をきびしく守るように期待され，逆に，部下からはもっとゆるくするよう期待されて，板挟みとなる。

　これに対して，「役割間コンフリクト」は，ひとが2つ以上の地位につくことによって両立不可能な期待に直面する状況である。

会社の課長は，同時に，家庭では父親であることによってこの役割間コンフリクトをしばしば経験する。子どもの誕生日ということで早く帰宅するよう言われていたのに，その日はどうしても残業しなければならない場合がある。家庭を大切にするか，仕事を優先させるか，それなりに悩む人も少なくない。そして現代人は「役割内コンフリクト」と「役割間コンフリクト」の混合形態をしばしば経験している。

役割コンフリクトに陥る

役割内であれ，役割間であれ，このような役割コンフリクトは人間の自我が社会性を有していることから生じる。自我が他者とのかかわりにおいて形成されることから，他者の期待の間に一致が存しない場合は自我のあり方に混乱が生じることになる。他者の期待の間にズレや対立が存在する場合，人々は役割コンフリクトに陥らざるをえない。

そして，このような役割コンフリクト状況にとりわけ陥りやすいのは**社会移動**を経験した人々である。農村から都市への移動，また，Ｕターンなどの地域移動を行った人間，あるいは地位の上昇ないし下降の階層移動を経験した人間は，以前に所属していた地域や階層の他者の期待と新たに所属するようになった地域や階層の他者の期待の間のズレに悩むことが多い。

社会的な中間層や周辺者もまた役割コンフリクトに陥りやすい。集団や組織，また社会全体の中で中間に位置する人間は，上位の者の期待と下位の者の期待の食い違いに苦しむことが多い。そして，新規加入者や引退間近の人，あるいは「窓際族」とか「落ちこぼれ」と呼ばれている人も，集団や社会の内と外との期待のズ

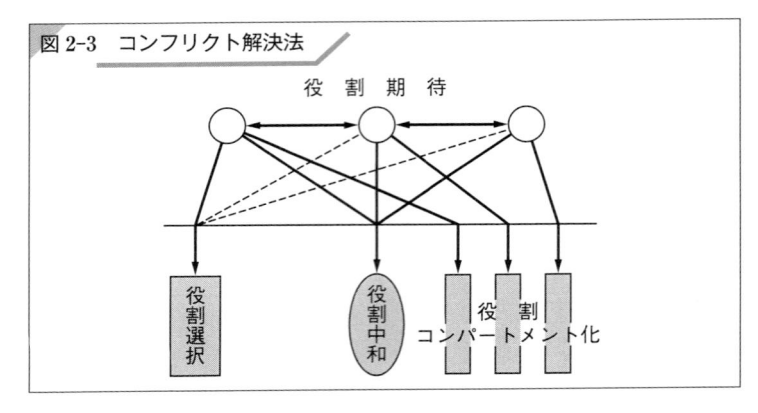

図 2-3 コンフリクト解決法

役 割 期 待

- 役割選択
- 役割中和
- 役割コンパートメント化

レにぶつかり，葛藤することが少なくない。

　もちろん，役割コンフリクト状況に置かれた人間がすべて病に陥るわけではない。多くの人間は，さまざまな「**コンフリクト解決法**」によって，その状況を乗り越えている。

　たとえば，相異なる複数の役割期待の中から1つだけを選び出し，他のものは無視ないし放棄するという「**主要役割の選択**」によって役割コンフリクトを回避する。会社からの期待，家族からの期待のうちの一方のみを選び，会社人間になりきるか，マイホーム・パパに徹するようになる。

　また，複数の相異なる役割期待に対して，「**役割の中和**」によって，その間の調整や妥協を試み，適度の範囲において行動して，コンフリクトを解消する。ひとは平凡なサラリーマン，そして，まあまあの父親であることに満足するようになる。

　あるいはまた，人々は多様な役割期待に対して，「**役割コンパートメント化**」によって，場面による自己の使い分けを行い，それぞれにうまく対処しようとする。会社，家庭，レジャーにおいて相異なる他者の期待に対して，各場面に見合う複数の自我を作

り上げ，状況に適合したさまざまな自己表現を行う。そして，その間の統一性を求めることはあえてせず，むしろ，多面的な顔をそのまま保持し，しかも自由に変身できるようにしておく。人々は「**多面的な自我**（multiple self）」，そして「**変容可能な自我**（mutable self）」を形づくることになる。

パーソン・ロール・コンフリクトに

このような解決法によって，人々は役割コンフリクト状況からなんとか抜け出そうと試みている。しかし，これらの解決法はコンフリクト自体の解決をめざすものではなく，コンフリクト状況からいかに逃れるかが第1次的な目的となっている。したがって，問題の**基本的解決は先送りとなる**といえる。そして，現代社会では，役割コンフリクトはよりいっそう厳しい事態になってきている。

現代社会において，人々の行動の選択範囲は考えられているほど広くない。組織の巨大化，官僚制化によって，また社会全体の管理社会化によって，選択可能性の度合はしだいに低くなってきている。そして，人々の選択の範囲は狭められ，自由な判断の余地が少なくなり，むしろ，**特定の役割期待を受け入れるよう強いられつつある**。

そのため，人々はみずからの個性や独自性を十分に発揮できず，真の自己実現を図ることが不可能になりつつある。そして，逆に，自分の望まない役割を押しつけられ，それを遂行せざるをえなくなっている。人々は一定のパターンに従うよう強いられ，画一化されてしまう。

このような状況においても，しかし，人々は他者や社会の期待

3 自我と役割コンフリクト

を容易に拒否することはできない。そこから，他者や社会の期待に不承不承応え，それによって自己が否定され，真の自己が見失われ，人間性を喪失してしまう恐れが生じる。現代人は自分自身と役割それ自体とのコンフリクト，つまり，「**パーソン・ロール・コンフリクト**（person role conflict）」状況に陥ることになる。

Reference 参考文献

クーリー，C. H. [1921]，『社会と我——人間性と社会秩序』納武津訳，日本評論社（原著，1902）。

ゴッフマン，E. [1985]，『出会い』佐藤毅ほか訳，誠信書房（原著，1961）。

スミス，A. [1973]，『道徳感情論』水田洋訳，筑摩書房（原著，1759）。

Turner, R. H. [1976], The Real Self, *A. J. S.*, 81: 989-1016.

Turner, R. H. and J. Schutte [1981], The True Self Method for Studying the Self-Conception, *Symbolic Interaction*, 4 (1): 1-20.

デカルト，R. [1949]，『省察』三木清訳，岩波書店（原著，1641）。

中島梓 [1991]，『コミュニケーション不全症候群』筑摩書房。

船津衛 [1983]，『自我の社会理論』恒星社厚生閣。

船津衛 [1989]，『ミード自我論の研究』恒星社厚生閣。

ミード，G. H. [1973]，『精神・自我・社会』稲葉三千男ほか訳，青木書店（原著，1934）。

ミード，G. H. [1991]，『社会的自我』船津衛ほか訳，恒星社厚生閣（原著，1913）。

山崎正和 [1984]，『柔らかい個人主義の誕生』中央公論社。

第3章 人と人との
コミュニケーション

外見も自己を表現する

（共同通信社提供）

1 自己表現のコミュニケーション

> 言葉は中心的メディアだが、唯一のメディアではない

　自己表現とは自分の気持ち，意志，感情，意見，態度，思考，そして地位や身分などを他者に向かって表現することである。このような自己表現は一般に言葉によってなされる。自分の気持ち，意見，地位などはしゃべることや書くことによって外部に表現される。言葉はまさに自己表現の中心的メディア（媒体，手段）であり，しかももっとも重要なメディアであるといえる。

　そして，言葉には**話し言葉**と**書き言葉**がある。話し言葉はもっとも基礎的な自己表現メディアである。この話し言葉による自己表現においては表現内容はもとより，声の調子や声のテンポ，声量，リズム，イントネーション，また間のとり方なども重要な要素となっている。同じ内容でも力のこもった声，細く悲しそうな声，太く低い声，また早口で，あるいはゆっくりとしゃべることによって，異なる自己表現として現れ，それを聞いた人に多様な反応を引き起こす。

　他方，書き言葉は文字の発明によって可能となっている。書き言葉は話し言葉が使用できない場合にしばしば用いられる。空間的，時間的に遠くにいる人に対して，また多くの人々に自己を表現する場合には，書き言葉が自己表現の重要なメディアとなっている。書き言葉は，たんに文章を綴るだけというよりも，レトリックをはじめさまざまな表現技術が駆使される。それによって自己をよりよく表現し，他者による深い理解を獲得できるようにな

Material 6

　人間が心に思うことを他人に伝え，知らしめるには，いろいろな方法があります。たとえば悲しみを訴えるのには，悲しい顔つきをしても伝えられる。物が食いたい時は手真似で食う様子をして見せても分る。その外，泣くとか，呻(うな)るとか，叫ぶとか，睨むとか，嘆息するとか，殴(なぐ)るとか云う手段もありまして，急な，激しい感情を一と息に伝えるには，そう云う原始的な方法の方が適する場合もありますが，しかしやゝ細かい思想を明瞭に伝えようとすれば，**言語に依るより外はありません**。

（谷崎潤一郎『文章読本』17頁〔中央公論社，1975年〕）

る。書き言葉によって，人々の自己表現の産物である文化の蓄積と継承が飛躍的に推し進められたといわれる。

　しかし，**言葉だけが唯一の自己表現メディアではない。ジェスチュア，顔の表情**，そして**目の動き**もまた重要な自己表現メディアである。ロミオとジュリエットの悲恋は親指を嚙むという1つのジェスチュアから生じている。

　シェイクスピアの『ロミオとジュリエット』第1幕第1場において，キャピュレット家の使用人サムプソンがモンタギュー家のエイブラハムとバルサザーに対して指の爪を嚙んで見せる。しかし，それは「もし2人がこれに甘んじれば，それは屈辱なのだ」。

　モンタギュー家の2人はこの侮蔑をそのまま放ってはおけず，「わしらに向かって指の爪を嚙んだのか」と2度にわたって難詰(なんきつ)する。そして二言三言交わすか交わさぬうちに，剣を抜いての争いがはじまる。指の爪を嚙むというジェスチュアが両家に深刻な対立を引き起こし，後々まで影響を及ぼす大きな効果を持ってしまったという。

　他方，**身体の接触**もまた効果的なコミュニケーション・メディ

アとなっている。アメリカの社会学者 E. ゴッフマン★によると，「何人かの人が居合せる場合，人間の身体は物的な道具としてだけではなく，コミュニケーションの媒体としての役割を果たすことができる」（ゴッフマン [1980]）。そして，アメリカのノン・フィクション作家 J. ファストによると，「だれかの肩に手を置いたり，腕をまわしたりして，からだを接触させると，何十何百と言う言葉を連ねるよりも，ずっと生き生きと直接的にメッセージを伝えることができる」（ファスト [1985]）。

このようなジェスチュアや身体の接触とともに，**顔の表情**も重要なコミュニケーション・メディアとなっている。笑顔，泣き顔，おこった顔，おだやかな顔，あるいは犬づらとかポーカーフェースが自己の感情や意志を表現したり，また覆い隠したりしている。

顔の表情は，しかし，意識して隠すことのきわめてむずかしいメディアである。怒りに顔が赤くなり，痛みに顔がゆがみ，喜びに思わず顔がほころんでしまい，また「色に出にけり，我が恋は」ということにもなる。

また，**目の動き**も自己表現の重要なメディアである。目くばせ，上目使い，白い目，色目，流し目など，自己の気持ちを相手になんとか伝えようとしてよく用いられている。そして，刺すような目，おどおどした目，怒りの目，冷たい目が他者の行為に対して積極的，消極的にさまざまな影響を及ぼす。

★ゴッフマン
Goffman, E. (1922-82) アメリカの社会学者。人間行為を演技と見るドラマ的アプローチから，日常生活における人々のあり方を解明した。著書に『行為と演技』(1959)，『アサイラム』(1961)，『出会い』(1961)，『集まりの構造』(1963)，『儀礼としての相互行為』(1967)などがある。

図 3-1　自己表現メディア

　言葉　　文字　　身ぶり

　表情　　→　自己表現メディア　←　装身具

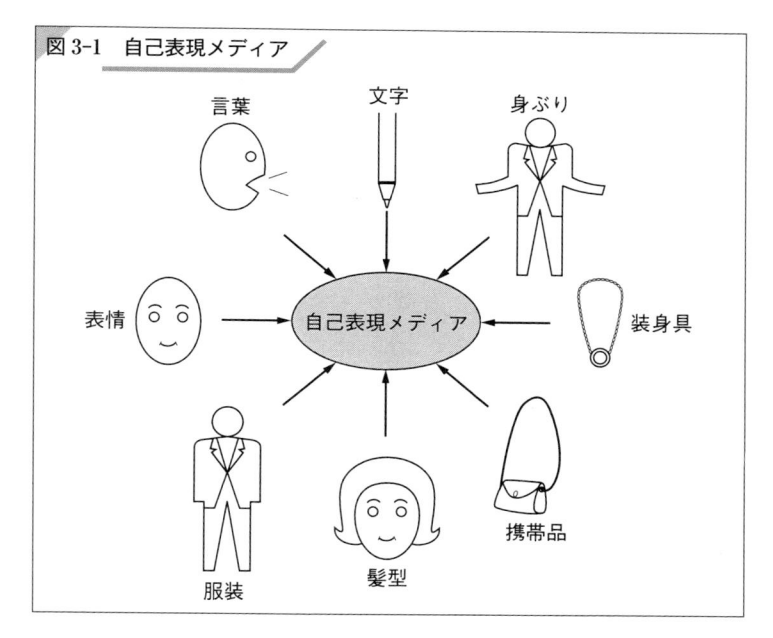

　服装　　髪型　　携帯品

　ファストによると、「情報の伝達に用いられる人体のさまざまな部分のなかでも、目はもっとも重要であり、いちばん微妙なニュアンスを伝えることができる」。まさに「目は口ほどにものを言う」である。

> 服装・髪型もメディアとなる

　他方、**服装**や**髪型**も自己表現のメディアとなりうる。中学生や高校生は、自分たちを画一化してしまうので、制服を廃止して自分の好きな服装を自由に着てもよいように主張する。また、丸坊主は格好が悪いから、髪を伸ばすことを認めてほしいと要望する。これに対して、学校側は規律や風紀の観点から、私服や長髪を認めることに消極的である。意見は平行線をたどりつつも、

現在はしだいに自由化の方向に進んできている。

　この制服・髪型論争において，それらが生徒を束縛するのか，自由にするのかの観点の違いはあれ，いずれも服装や髪型が自己表現のメディアとして考えられていることは同じである。すなわち，服装は寒いから着るだけではなく，自己を表現するメディアとなっている。ユニフォームやブランドの服装，また白衣は一流会社，OL，看護師など自分の職業・学校，また地位や役割を表現している。ジーンズをはくことが若さを表現している。

　また，髪を切ると必ず「どうしたの」と問われ，「気分を変えた」とか，「昨日の自分ではない新しい自分を表現する」と答えるのがふつうである。そのように，髪型は他者のすばやい反応が得られるような自己表現メディアとなっている。

　言葉以外の自己表現メディアとしては，さらにネックレス，指輪などの装飾品やハンドバッグなどの携帯品，また香水，整髪料，コロン，ローション，マニキュアなどの化粧品もあげられる。これらのものによって，自己の年齢や職業，また社会的地位を表現したり，現在の自分の気持ちや感情を表したり，またカモフラージュしたりすることができる。

ジェスチュアは効果的メディアである

ジェスチュアには，たとえば，あくびをする，腕を組む，足を組み替えるなど，とくに自己表現の意図なしに行われるものがある。それは感情を処理するため，生理的欲求を充足するために行われる。しかし，ジェスチュアは，たんに，このような感情処理や欲求充足のためだけではなく，言葉に代わる効果的なコミュニケーション・メディアとしても用いられている。

図 3-2 ジェスチュアの機能

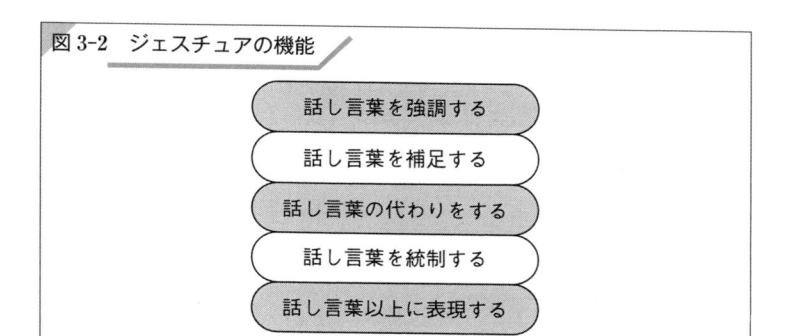

- 話し言葉を強調する
- 話し言葉を補足する
- 話し言葉の代わりをする
- 話し言葉を統制する
- 話し言葉以上に表現する

ジェスチュアは，まず第1に，**話し言葉を強調する**ために用いられる。こぶしを握ったり，手を大きく広げたり，テーブルをたたいたり，身を乗り出したりして，話し言葉をより強く主張することになる。

第2に，ジェスチュアは言葉では不十分な場合に，それを**補足する**ために用いられる。頭を下げたり，手を振ったり，胸を反らしたりすることによって自己表現がなされる。それは言葉では言い表せないものを何とか表現しようとするときに行われる。

第3に，ジェスチュアは言葉の使用が困難だったり，不適切であったりするような場合に，**言葉の代わりとして**用いられる。当人の前で悪口を言うことができない場合には，目で合図したり，顔の表情で示したり，手を挙げたり，首でうなずいたり，肩をすくめたりして，その意を伝えることがよくある。

第4に，ジェスチュアは言葉によるコミュニケーションを**監視，規制する**ために用いられる。眼の動き，うなずき，ほほ笑み，腕組み，あいづちなどによって，言葉の及ぼす効果をコントロールする。「うれしい」と言いながら，眼が笑っていない場合とか，そっけない態度で「ありがとう」と言われても，言葉の持つ力が

1 自己表現のコミュニケーション

半減されてしまう。そして,「こっちにおいで」と口では言いながらも,「近づくな」という態度をとる「ダブル・バインド (double bind)」状況では,ひとはどう対応していいかわからなくなる。

第5に,ジェスチュアは**言葉以上に雄弁に自己を表現**する。ひとは言われたことを理解したときには「はい」と言うよりも,深くうなずく方がよい。また,「イタイ」と言うより,顔をしかめるのがよい。悲しみは言葉で言うよりも,泣くのがよい。一滴の涙は百の想いを伝える。

そして,こんにち,このようなジェスチュアである手の動き,顔の表情,そして身振りによる自己表現の方が多くなっている。それは言葉では表現されないものを何とか表現しようとすることが強まっていることの表れでもある。つまり,言葉で表現しようとすると何か枠にはまってしまうとか,型にとらわれてしまうと思い,その枠を突破し,型をうち破るために,言葉以外のメディアが用いられるようになる。

| ジェスチュアの意味が重要である |

そして,このようなジェスチュアでは,ジェスチュアそのものというよりも,**ジェスチュアの意味が重んじられる**。野村雅一のいうように,「しぐさが現実において意味を持つとすれば,それは他者によって読まれ,意味を付与される限りにおいてである」(野村[1983])。

したがって,ジェスチュアは他者の意味づけや解釈に依存することになる。その結果,意味や解釈の多様性が生み出され,同一のジェスチュアがまったく異なるものとして,逆に,まったく異なるものが同一のものとして受け取られてしまうこともある。

たとえば、わが国では、頭を上下にうなずいて肯定を、左右に振って否定を表すが、インドのある地方では、頭を左右に振ってイエス、上下にうなずいてノーを表すといわれる。南米の女性の普段の腰を振る歩き方が外国の男性にはセクシーに感じられ、しばしば誤解にもとづく不法な行動を引き起こしている。そして、あいさつの仕方もお辞儀、握手、抱擁など実に多様である。
　このようなジェスチュアの多様性は、国際化の進展にともなう異文化コミュニケーションの重要なテーマとなっている。そして、相互理解と新しい共有意味の形成によるコミュニケーションの展開が強く期待されている。

2　自己表現のコミュニケーション様式

自己表現には一定の様式がある

　人間の自我は表現されることによって、他者によって認識され、また評価されるものとなる。赤ん坊はおなかがすくと泣くことによって母親からミルクを与えられる。しかし、黙っていては自分の思いは伝わらない。つまり、自己表現をしないかぎり、他者の認識・評価は得られない。ただし、自己表現をすれば、それでよいというものでもない。

　自己表現には一定の仕方、やり方がある。自己の感情をストレートに表すだけでは同情や共感を得ることができない。話し言葉は間のとり方、タイミングによっても相手の対応が異なってくる。書き言葉は「強い表現を避ける」（清水幾太郎［1995］）とか、「ちょっと気取って書くのがよい」（丸谷才一［1980］）というように、

表現法に注意を払う必要がある。このように,自己表現には工夫を凝らすことが必要となる。

そして,ときにはオーバーな表現の仕方をすることも必要である。怪我をしたときにはじっと我慢するより,「イタイ,イタイ」と言った方が他者の関心を呼ぶことができる。しかしまた,あまりオーバーな表現は誤解を生んだり,ときに他の人による回避を招くこともある。

「大きな子は泣かない」「耐えることができるのは大人だ」「男は黙っているのがよい」というように,一般に痛みの表現は抑えられる。そして,抑えて表現したり,またまったく表現しない方がかえって共感を得ることが多い。そして,沈黙も意味を持ち,それは逡巡,拒否,批判,ときに驚き,失望,困惑などを表す。

また,「沈黙は金」とか「口は災いの因」のような文化的制約が存在している場合は,沈黙は大きな意味を有している。そしてまた,教会,病院,図書館,法廷,教室など,場所や場面によって,沈黙が必要なときもある。

このように自己表現する場合には,時と所(TPO)を心得るべきである。時と所をわきまえず,勝手に自己表現しても十分な理解を得ることができない。すなわち,自己表現は場面に合ったやり方が必要である。ゴッフマンはこのことを「**状況適合性**(situational propriety)」という。

「状況適合性」とは,状況に見合った自己表現の仕方を意味する。ゴッフマンによると,「状況の一員として参加していることをもっとも明白に示す手段のひとつは,自己の外観あるいは『自己の表看板』,すなわち,服装,化粧,髪型,その他の身のまわりにつける装飾物を状況の規律にふさわしいように整えることで

ある」(ゴッフマン [1974])。

　たとえば,西洋社会では高い階層に属するものは公共の場に姿を現すときには,きちんと正装し,髪や顔をきれいに整えるものとされる。このことはとくに女性の場合に当てはまる。そして,状況にふさわしくない身なりで現れると,参加者を軽視していると受けとられるか,あるいは多くの人に困惑を引き起こす。

　しかしまた,その場合はひとは見て見ぬふりをする「**儀礼的無関心(civil inattention)**」を装う。そのことによって,ひとはその人の意図を疑ったり,その存在を恐れたり,また敵意を持ったり,避けてはいないことをほのめかす。

　また他の人を不当に凝視することは避けるべきとされる。しかし,視線を合わす文化が支配的な社会では「目を合わせない」とか,「目をそらす」のは不誠実と受けとられるが,視線を避ける文化では,それは謙虚さを表すとされる。

　このように,**自己表現は一定の表現様式に従う必要がある**。そして,それに従わない場合は理解されないだけではなく,誤解されたり,軽蔑されたりすることが少なくない。その表現は粗野な振舞いであるとか,その人は礼儀を知らないとか言われる。

| 表現様式の学習が必要 |

　　　　　　したがって,自己表現をいかに一定の様式に則ってするかということが重要な事柄となる。一般に多くの人々はこのような自己表現が苦手である。それは子どもの頃に遊ぶ場所や遊び時間を十分に持たず,そこでの自己表現の様式の学習のチャンスを時間的・空間的に奪われていることにもよる。その意味では**表現様式の学習を意識して行う必要がある**。

表現様式の学習は一方的，受身的になされるものではない。つまり，他の人から言われたとおり，また決められたままに受容するのではなく，自分なりの独自の表現様式を作り上げていくことも必要である。

　そして，この表現様式は1つではなく，複数存在している。同じことを表現するにも仲間や友だちに対する表現様式と先輩・先生に対する表現様式とでは異なっている。また，初対面の人との場合と前から知っている人との場合とでは当然異なる表現様式を用いることになる。つまり，相手によって，また場面に応じて異なる表現の仕方がある。

　けれどもまた，それぞれの表現様式はまったくバラバラというのでなく，ある程度のまとまりが必要である。そこで，その間の結びつけや調整がなされる。個々の表現様式が**組織化され，一般化される**ようになる。しかし，この表現様式の一般化は，同時に，その**自立化**を引き起こす。表現様式の自立化は表現様式が内容と離れて独り歩きすることを意味する。行儀作法，マナー，エチケット，マニュアルといわれることの多くがその性質を帯びる。表現様式が実状と合わず，現実遊離してしまって，形式主義とか儀礼主義と呼ばれる事態が生じる。

　したがって，実状に合うように，表現様式が作り直され，また新しく作り上げられる必要がある。表現様式は固定化してしまうのではなく，**変化・変容され，再構成される**。そして新しい表現様式が生み出されることになる。そのために，ときに新しい表現メディアの利用が試みられるようになる。

3 外見のコミュニケーション

外見も自己を表現する

人間の**外見**というと,まず,背が高い,低いという身長,うりざねや丸顔という顔の形,丸坊主,長髪,白髪などの髪,口ひげ,あごひげなどのひげ,太っている,痩せているなどの体型というような身体的特徴があげられる。そして,ひとはこのような外見に関してまったく無関心ではなく,お化粧したり,ダイエットしたり,髪を染めたり,さらには整形したりして,それを気にしている。

外見にはまた,白衣,ブルーのワイシャツ,ベレー帽,ジーパン,ミニスカート,リクルート・スタイルなどの服装,金のネックレス,ダイヤモンドの指輪などの装飾品,黄色いハンカチ,ブランドもののバッグ,スイス製の腕時計などの携帯品なども含まれている。

このような外見は**目の前の他者**に見せることによって,自己を理解してもらう自己表現メディアである。つまり,外見は他者の視覚に訴えて,自己を意識的に表現しようとする面が強い。たとえば,白衣や袈裟などの服装は言葉によらないで自己表現が可能である。一流品の背広はエリート社員としての自己を表現し,ジーンズは自分の若さを表現する。

服装はたんに身を隠したり,覆ったり,あるいは寒さから身を守るだけではなく,自己を表現するものである。実際,人々は新しい服を着ると何か新しい自分を表現したような気になる。そしてまた,服装は自分の地位,職業,性別,年齢,既婚・未婚を表

> **Material 7**
>
> 「老人ホームはお洒落な二枚目のお爺さんを探しています。素敵なお爺さんがいるだけで,お婆さんたちが,みんないいお婆さんになりますから」
>
> 　　　　　○
>
> 「美しく老いるなんてわけがありません。
> 　美しく老いる努力をすると美しく老いる場合がある,と言わなきゃ」
>
> 　　　　　○
>
> 「赤ちゃんの時に可愛いと言われて,
> 　花嫁の時に美しいと言われて,
> 　お婆ちゃんになったら,また,可愛いと言われたいわ」
>
> 　　　　　　　　　　　　(永六輔『大往生』17,23,30頁〔岩波書店,1994年〕)

現している。服装は人々の出会いにおいて第一印象を形成するのに重要な役割を果たしている。

　そして,このような外見による自己表現は,いまや,言葉の代用品というよりも**言葉以上のものを表現し,言葉に代わって新しい自己表現のメディア**となっている。自己表現のメディアのこのような変化は活字文化が衰退し,映像文化が出現した文化のあり方の変化を表している。また,それはモノというよりも,モノに付与する意味が重視される文化への転換を表している。そして,それは同時に外見を重んじる文化の優勢化を表しているといえる。

　井上俊によると,このことが現代の文化,とりわけ現代の都市文化の特質である(井上［1992］)。つまり,都市はデパートに見られるように**見せかけの文化**であり,商品を通じての**見せものの文化**である。そして,見せかけが都市人のコミュニケーションのあり方を表している。

　街頭,乗り物,イベント,デパート・商店,旅館・ホテルなど

の開放空間において，見知らぬ者同士が相互作用する場合，外見のもつ意味は大きく，その果たす役割は無視できないものである。

ひとは印象を操作する

見せかけの文化はまた，現代の若者文化の特徴ともなっている。現代の若者にとって外見が大切である。そのため，他の人間の目・視線を非常に気にしている。この他人の視線を気にすることは，しかし，決しておかしなことではない。それは**他者の視線を通じて自我が確認される**からである。

そして，他者の視線を気にする場合，その視線をそのまま受け入れているとは限らない。実際は多くの人々は，他者の視線を選択・修正・再構成している。さらにまた，他者の目を意識的に操作することも行われている。ゴッフマンは，このことを「**印象操作**（impression management）」と呼んでいる。

ゴッフマンは人間の行為（action）を「演技」と見る。彼は日常生活における人々の行為を舞台の上での俳優の演技と同じことだと考える。演技すること，それが人間の行為である，とゴッフマンはいう。そして，彼によると，人間の行為は，俳優が観客を意識するように，他の人間を意識してなされるものである。しかも，他の人間に対する印象を良くしようとして，人間は「印象操作」を行っている。

人間が「印象操作」をするのは，他の人間が外に現れたものに基づいて自分を評価するからである。したがって，中身がどうであれ，外見がよければ相手がよく受け取ってくれる。他者の判断の素材として「良い自分」を提供し，また「悪い自分」を隠そうとすることが「印象操作」である。したがって，「印象操作」と

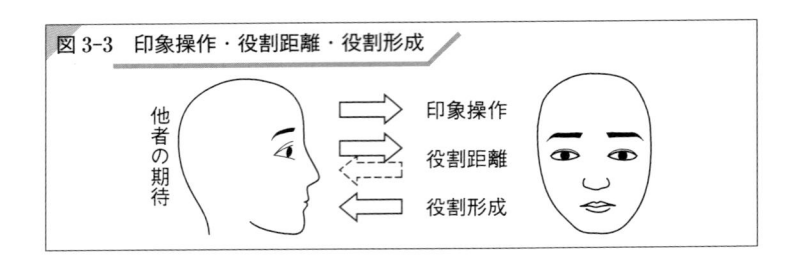

図3-3 印象操作・役割距離・役割形成

他者の期待 → 印象操作
⇄ 役割距離
← 役割形成

は本当の自分とは異なる自分を他の人間に示すことを意味する。

ここから、人間には本当の自分とウソの自分の**2つの自分**があることになる。そして、本当の自分は外に出さないで、ウソの自分を他の人間に見せる。本当の自分をそのまま出しても受け入れてもらえないだけではなく、本当の自分をつぶされてしまう恐れがあるからである。すなわち、そこには他者の期待と本当の自分とのズレ、自他の不一致が存している。**自他の不一致**が存在する状況において、ひとはウソの自分をつくって他者の期待に応えるしかなく、ウソの自分を演じることになる。

しかし、このようなことは一時的な解決となりえても、かなり危険なことを行っていることでもある。それはウソがウソでなくなり、仮面が取れなくなり、それがそのまま地の顔になる事態が生じるからである。**仮面で装った、偽りの自己の自立化**が生じ、かえって、本当の自分が見失われてしまう。その結果、自己喪失の危機、自己崩壊の危険が訪れることになる。その意味で「印象操作」はもろ刃の剣といえる。

けれども、ゴッフマンによると、人間は他者の期待どおりではなく、それとは意図的にズラし、他者の期待とはやや異なる表現や行為の仕方を行うこともできる。このことをゴッフマンは「**役割距離**(role distance)」として考えている。

役割期待から距離をとる

「役割距離」とは、ひとが他者の期待から一定の距離を置いた行動をとることである（ゴッフマン[1985]）。「距離」とは、この場合、物理的長さではなく、具体的な表現や行動のあり方を表している。つまり、他者の期待どおりではなく、それとは少し異なったやり方をすることが「役割距離」である。

ゴッフマンのあげる例によれば、遊園地のメリーゴーラウンドに乗る年長の子どもはしばしば足を上げたり、後ろ向きに乗ったりする。このように、幼児が乗るようなふつうの乗り方とは異なった乗り方をすることが「役割距離」である。そのことによって子どもは自分の願望を満たすことができる。また、外科医は手術室においてしばしば冗談を言ったり、ユーモアを述べたりする。それは厳粛なる手術室には必ずしもふさわしいものではない。しかし、その「役割距離」行為によってスタッフの緊張が和らげられ、手術がスムーズに遂行されるようになる。このように、決められた役割期待とはズレる行為を行って、目的を達成してしまうことが「役割距離」である。

ひとが「役割距離」行動を行うことは、自分が他者に完全に同調して、その期待に全面服従してしまう存在ではないことを表している。ゴッフマンによると、「役割距離」はひとが自分に課せられた役割を軽蔑し、それから離れることを効果的に表現するものである。そして、それは人間が**他者の期待から相対的に自由**であり、ある程度の自律性を持ちうることを示している。このような「役割距離」行動は**人間の積極的・主体的あり方を表す**といえる。

その意味では、この「役割距離」を行う人間はたんなる受け身的存在ではなく、積極的・主体的な存在である、とゴッフマンは

3 外見のコミュニケーション

言う。他者の役割期待に受け身的に応じるのではなく，それとは異なるみずからの独自性を示そうとすることにおいて主体的である，と言うのである。

　しかし，この「役割距離」が人間の完全な主体性を表すとはいいがたい。なぜなら，「役割距離」は他者の期待そのものに何の働きかけもせず，またその修正を行おうとはしない。むしろ，それは他者の期待を大枠として認め，ただそれから距離を置くにすぎないものである。したがって，役割期待そのものは何の変化も受けずに，元のままでそのまま存続することになる。

　ここから，「役割距離」の意義は一定限度内のものとなる。「役割距離」は人間の主体的あり方を表すといっても，それはきわめて消極的なものとなっている。より積極的なあり方は他者の期待を乗り越えるもの，つまり，他者の期待に働きかけ，それを修正し，再構成しようとするものである。それが「**役割形成（role making）**」である。

| 新たな行為を展開する |

　「役割形成」とは，ターナーの定義によれば，**既存の役割規定の枠を越えて新たな人間行為を展開する**ことである。「役割形成」において，人々は他者の期待を修正し，変更し，再構成したうえでみずから行為するようになる。「役割形成」行為を展開することによって，人間は積極的・主体的存在となる。

　「役割形成」は他者の期待を再構成することを通じて問題的状況の克服を図るものである。「役割形成」行為の展開によって，従来の集団や社会のあり方が再編され，新たな形において作り上げられる。このような「役割形成」を行いうることにおいて，人

間はたんに社会によって形づくられるのではなく，社会を形成する主体的存在となる。

　ターナーによると，官僚制や軍隊における場合は別として，一般に役割期待は固定しておらず，つねに変化するものである。そして，人間は他の人間との相互作用において，他者の期待を受け入れるだけではなく，他者の期待の修正・変更を行うことができる。人間の行為は他者の期待のたんなる反映ではない。人間は他者の期待に自己の観点から意味づけをし，それを選択的に解釈する。その解釈された期待との関係で人間は自己の行為を構成する。人間は他者の期待を通して自分自身を内省し，その内省によって新しいものを生み出すことができる。それを**「創発的内省」**と呼ぶ。

　「創発的内省」とは**自己を省みることによって，何か新しいものを生み出すことを意味する**（船津［1983］）。「創発的内省」によって，人間は自分が新しく生まれ変わるようになり，それと同時に他の人間も変わるようになる。人間は他者の期待を自分自身のやり方で取り扱い，変更しうる。「創発的内省」は他者の期待の修正・変更をもたらす。人間は役割を創造する「役割形成」を行う。それによって人間は消極的・受動的存在から積極的・主体的存在となる。

　この「役割形成」によって，人間は既存の状況を乗り越え，状況を新たに創造しうることになる。ターナーによると，「役割形成」こそ役割取得に関する理想的形態である。このような「役割形成」を阻害するような軍隊や官僚制における人々の行動は，役割取得の歪められた形態である。

　そして，「役割形成」は役割期待があいまいであったり，ズレ

や対立が存在する「役割コンフリクト」状況において問題解決行為として展開される。こんにち，秘書や看護師などの役割に関して，また夫と妻の役割分担，そして，男と女の役割関係において，このような「**役割形成**」による役割変容現象が現れてきている。性別，年齢（世代），職業，人種などにおける役割形成と役割変容が今後いっそう活発化することになろう。

Reference 参考文献

井上俊 [1992]，『悪夢の選択』筑摩書房。

ヴァーガス，M. F. [1987]，『非言語コミュニケーション』石丸正訳，新潮社（原著，1987）。

ゴッフマン，E. [1974]，『行為と演技』石黒毅訳，誠信書房（原著，1959）。

ゴッフマン，E. [1980]，『集まりの構造』丸木恵祐ほか訳，誠信書房（原著，1963）。

ゴッフマン，E. [1985]，『出会い』佐藤毅ほか訳，誠信書房（原著，1961）。

清水幾太郎 [1995]，『私の文章作法』中央公論社。

野村雅一 [1983]，『しぐさの世界』日本放送出版協会。

ファスト，J. [1985]，『ボディー・ランゲージ』石川弘義訳，三笠書房（原著，1970）。

船津衛 [1983]，『自我の社会理論』恒星社厚生閣。

ホール，E. T. [1966]，『沈黙のことば』国弘正雄ほか訳，南雲堂（原著，1959）。

丸谷才一 [1980]，『文章読本』中央公論社。

ラフラー・エンゲル，W. v. [1981]，『ノンバーバル・コミュニケーション――ことばによらない伝達』本名信行ほか訳，大修館書店（原著，1980）。

第4章 電話コミュニケーション

携帯電話で合格の報告

(毎日新聞社提供)

1 電話コミュニケーションの特質

電話が主要メディアとなる

「もし電話というものがなければ,誰しも現在と未来の自分の対人関係が断絶してしまうと感じるだろう」。アメリカのコミュニケーション研究者 G. ガンパートがこのように述べている(ガンパート[1990])。

電話は,こんにち,人々にとって生活必需品となり,社会生活を電話なしには過ごせないようになってきている。仕事,家庭,レジャーにおいて,電話はコミュニケーションの主要な手段の地位を獲得してきている。そして,電話機自体もたんなる伝達機能だけではなく,留守番機能やファクス機能など多くの機能を備えるようになり,また自動車電話や携帯電話などのように移動可能なものに変容してきている。電話によって,人々の生活やコミュニケーションのあり方が大きな変容を迫られてきている。

よく知られているように,A. G. ベルが電話を発明したのが1876年であり,日本で公衆電話が登場したのが1900年である。電話が人々の目の前に現れてすでに1世紀を経過した現在,電話の位置と役割が大きく変わりつつある。発明された当初には,電話はラジオ機能を持つものとして性格づけられ,**放送としての電話**という位置にあった。

そして,しばらくは,その価格や数からいっても,電話は一部の特権階級のものであり,したがって,電話を所有することが経済的な豊かさを表す**地位シンボル機能**を有していた。また,電話

は緊急の際に用いられるという**電報的使用法**が念頭に置かれ，電話がなんらかの異常な出来事を伝えるものとされた。人々は電話のベル音にびくびくし，電話があったということで不安な気持ちを抱くことが多かった。

しかし，電話機の設置がしだいに容易になり，その数を増し，業務用とともに居住用，家庭用も普及率が大幅に伸び，また公衆電話も多く設置されるようになった。そのことによって，国民のほとんどが電話に接することができる「**電話のユニバーサル化**」が実現された。そして，その利用方法も，緊急時のみならず平常時においてもごく当たり前に用いられるようになり，**電話は日常的コミュニケーション・メディア**となった。

電話が変わる

さらに電話は，一家に1台の家族用から一家に2〜3台のパーソナル用も多くなり，**電話の個人化**が急速に進んだ。このことは，電話の置き場所がはじめは玄関に置かれていたのが，しだいに居間に移され，さらに個室へと移行していることによく示されている。このような電話の個人化は個室の増加やプライバシーの尊重など，人々の生活の「私化（privatization）」とも対応している。

また，電話の相手も会社や公的機関などから，親，兄弟，そして友だちや恋人など親しいものになり，電話の内容も公的な命令や伝達，あるいは仕事上の連絡や指令などから，個人的な連絡，約束，悩み相談，情報交換，そしておしゃべりが主なものとなってきている。電話がいわば**私的コミュニケーションの手段**として用いられるようになっている。

そして，電話の**利用形態に世代差**が顕著に生じてきている。た

Material 8

うーん、でも結婚すると五年もニューヨーク暮らしじゃない？そこがねぇ……

これは、ウソです。

好きになりかけているとか愛しているとは違う

ねえ、鴨居くんどうしようか

……と、心の中で鴨居くんに話しかけてしまう……あたしは、まだ鴨居くんを 愛している 求めてる 探してる

ひとりになった時、「ねえ、飛鳥さん聞いて」と心の中で言えるようになるまで

結婚はできない——

あらっ、やだ？

偶然だね、いつもこの店でお昼？

ええ？飛鳥さんも？

今日はたまたま取引先の人とね……

じゃ！

とえば，年配者が重大な用件については電話では失礼にあたるので直接訪問するなり，手紙を差し上げるべきと考えるのに対して，若い世代はまず電話でということがふつうである。また電話をかける際に，あいさつやその他の形式を丁寧に行うべきと年配者が考えるのに対して，若者においてはそういうものが省略され，た

(©柴門ふみ『同・級・生』下〔小学館, 1989年〕)

だちに本題に入るようになっている。

しかもまた, 電話での用件はかつての「簡単, 明瞭に」から, 「ゆっくり, 長く」に変わってきている。また, 電話の利用時間も, これまでは「夜分に恐れ入りますが」というように, 夜間をなるべく避け, 昼間にかけるのがよいマナーであった。しかし,

若者の場合には夜間での使用がその利用割合の大半を占めている。

　そして，電話の使用方法も用件電話という**インストルメンタルな使用法から，コンサマトリーな使用法**に変わってきている。つまり，電話コミュニケーションはとくに用事もないのに，ただおしゃべりをするという遊びの1つとして行われている。それによって何か楽しいことが与えられ，また，そこからみずからのアイデンティティを確保するものとなっている。電話機のファッション化はあたかもこのことを表しているといえよう。

　そして何よりも，電話は若者にとってなくてはならないもっとも重要なコミュニケーション・メディアとなっている。

| 音声が媒介となる |

　このような電話コミュニケーションの特質は，第1に，**音声のみによるコミュニケーション**から成り立っていることである。電話は音声を媒介とするコミュニケーションであり，音声によってはじめてコミュニケーションが可能とされるものである。このことにおいて，電話コミュニケーションは他のコミュニケーションと大きく異なっている。

　電話において，ひとは自己の意見，態度，気持ちなどを**音声化**する必要がある。身振りや顔の表情ではなく，音声によって自己を表現しなければならない。電話コミュニケーションにおいては，音声によって表現されないものは他者に理解されない。音声化することによってはじめて，他者とのコミュニケーションが成立する。

　電話コミュニケーションにおいては沈黙は避けるべきであり，即断による発話が必要である。もちろん，沈黙も，間のうまいと

り方として意味があり，その意識的使用もなされる。しかし，一般的には，音声が発せられないとコミュニケーションは中断してしまうようになる。逆に，電話コミュニケーションは手紙や電報のように文字に頼る必要がない。そして，文字，身振り，顔の表情も音声の内に含み込まれ，音声によって表現されなければならない。ひとは電話コミュニケーションにおいて**自己を音声に縮約して表現し，自己表現を音声に純化**しなければならない。電話コミュニケーションは，したがって，音量，音色，音速，音調などの特性によって大きく左右されることになる。

　他方，電話は音声のみのコミュニケーションとして，**文字や身振りを排除**するものである。それは音声以外のものを用いることができない限定的メディアである。電話では互いに相手を見ることができず，両者の関係は間接的接触である。したがって，電話によるコミュニケーションのあり方は**音声に一元化**されていることになる。

　さらには，時間がない場合や会いたくない人には「電話ですます」ことができる。電話コミュニケーションは当事者が直接に会う必要性がない。直接顔を合わせなくて，声のみによってコミュニケーションが可能である。したがって，そこでは相手の視線を気にしたり，その目に訴えるという視覚化の必要性もない（マクルーハン[1987]）。どんな顔の表情をしようとも，いかなる姿勢をしようとも，相手には顔も姿も見えないので，コミュニケーションの内容に影響を及ぼすことがない。電話しているときにお辞儀をしても，それは相手には見えないし，なんら意味を持つものとはならない。電話コミュニケーションは外見や身体表現が不要なコミュニケーションであり，手紙と同様に**脱外見的コミュニケ**

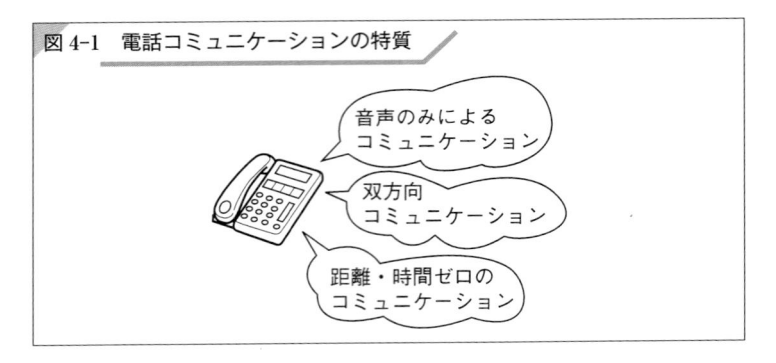

図 4-1　電話コミュニケーションの特質

- 音声のみによるコミュニケーション
- 双方向コミュニケーション
- 距離・時間ゼロのコミュニケーション

ーションである。

　この点において，電話は直接的な対面場面における身振りや顔の表情によるコミュニケーションと異なっている。電話コミュニケーションの展開は音声のみで足りるので，互いのプライバシーを保持し，自己を危険にさらす度合いが少ないものとなっている。

　また，電話コミュニケーションは直接顔を合わせなくてもよいので，言いたいことが言える。実際，「面と向かっては言いにくいが，電話なら本当のことを言える」というように，電話では本音を述べることが比較的容易である。その意味では，電話コミュニケーションは送り手にとって自由で気楽なコミュニケーションとなっている。

　このような音声によるコミュニケーションは，他方，人間において他者とのコミュニケーションのみならず，自己とのコミュニケーションも可能とさせる。音声はそれを聞く相手だけではなく，それを発する人間もまた聞くことができる。そのことによって，他者の反応を自己のうちに引き起こすことができ，他者の反応をあらかじめ推測できる。音声を通じて他者の反応が把握され，それにともなって自己の内省化が行われるようになる。

G.H. ミードのいうように，**音声は「意味のあるシンボル」**である（ミード [1973]）。それは他者にも自己にも同一の反応を引き起こすシンボルである。同一反応は，この場合，同一の外的行動ではなく，同一の意味を表す。「意味のあるシンボル」によって自己にも他者にも共通な意味が持たれる。そして，このような共有意味についてそれぞれの解釈がなされ，解釈に基づく行為の形成がなされるようになる。

　音声によるコミュニケーションは人間の内的世界を活性化させ，そこにおいて新たなものを創発させる。音声の媒介によって，人々の間でダイナミックなコミュニケーションが展開されるようになる。電話は，その意味で**創発的コミュニケーション**が可能とされるきわめて効果的なメディアであるといえる。

> 電話は双方向である

　電話コミュニケーションの第2の特質は**双方向性**である。電話において人々は自分の考えを述べ，相手に聞いてもらうとともに，相手もただ聞くだけではなく，自分の考えを述べ，聞いてもらうことができる。電話コミュニケーションでは，**相互に自己表現が可能**なコミュニケーションが展開されうる。

　ラジオやテレビなどの一方通行的なマスコミとは異なり，電話は双方向コミュニケーションである。電話では，人々は他者を念頭に置いて，自己を表現し，相互の共通理解を得て，共有意味の形成を行う。この双方向のコミュニケーションでは，新しいものの創発がなされ，コミュニケーションの変化，変容が生じるダイナミックな展開が可能とされる。

　電話コミュニケーションの第3の特質は，いつでも，どこから

> **Material 9**
>
> もうすぐ仕事にケリをつけて,
> 留守電二十八回分の埋めあわせをしに帰るからネ。
>
> 高橋寿江（東京都 25 歳）
>
> 母さん，この間は電話をありがとう。お陰で元気が出たよ。
> またやり直してみるから。　　　　　　疋田正文（大分県 48 歳）
>
> （福井県丸岡町編『日本一短い「母」への手紙』113, 169 頁〔大巧社, 1994 年〕）

でもコミュニケーションの開始が可能なことである。つまり，相手がいかに遠いところにいても，電話がつながれば，即座にコミュニケーションができる。電話によって遠隔の近接化，遠方の近在化がなされ，異空間が同一化される。

電話コミュニケーションは**距離ゼロのコミュニケーション**である。それはいわば狭い地域性の拘束を解放し，それを突破して範囲を広く押し広げる。国際電話では，海の向こうの人間がすぐそばにいるかのように感じられる。電話は既存の地域コミュニティからの離脱を行わせ，「**地図にないコミュニティ**」（ガンパート［1990］）を形成することになる。

また，電話はリアルタイムの**即時的コミュニケーション**である。手紙や電報と比べ，電話は時間を節約できる。いなむしろ，現在では時間はゼロである。地球上のほとんどいかなる地域の人間に対しても，即時にコミュニケーションが可能である。その意味では電話コミュニケーションは未来の現在化を行わせることになる。

このように電話コミュニケーションは空間性と時間性の枠を突破し，コミュニケーションの範囲の拡大がなされている。電話は**疑似対面的コミュニケーション**を可能とさせる。しかも，電話は，「声に媒介されることにより，対面的出会い以上に距離のない関

係を成立させていく」(吉見ほか[1992])。受話器を通じて耳元で話される会話は**対面的出会いよりもさらに近いコミュニケーション**の展開がなされる。

2 電話コミュニケーションの問題

相手も自分も音声のみ　　他面,電話コミュニケーションは,いくつかの問題を抱えている。それは主として,電話が,現在のところ,音声のみの部分的・一面的コミュニケーションにとどまっていることから生じている。

　電話コミュニケーションにおいては,ひとは目の前にいない相手に対して,あたかも目の前にいるかのように対応しなければならない。しかし,実際には相手がいないことから,多くの困難が生じる。誤解,聞き間違い,思い込みの多くは,このような電話コミュニケーションのあり方から生まれてくる。

　電話コミュニケーションでは相手も自分も音声だけの存在である。相手も自己を音声に縮約し,それに純化しているので,目の前にいない相手の反応の認識・理解がきわめて困難である。相手の表情が分からないので,音声のみによって相手が行うであろう身振りなどを推測し,**相手の反応の予測**を行わなければならない。聞き手は耳に神経を集中させ,聴覚を開放してメッセージを解読し,視覚を想像的に働かせて全体を理解する必要がある。その意味では,電話コミュニケーションには緊張や不安がつきまとっている。

　そして,電話コミュニケーションにおいては,音声を頼りに他

者の期待を推測し，それを通じて自己とのセルフ・インタラクションを行わなければならない。それによって自己の内省性を発揮し，自己とのコミュニケーションを意識的に展開していかなければならない。

　他方，電話コミュニケーションは目に見えない，音声のみによるコミュニケーションであるために，音声がすべてを決定し，**音声が生み出す世界の自立化**が生じることになる。それゆえ，話し手は細心の自己表現が必要であり，また聞き手との間に一定の儀礼が必要とされる。

　けれどもまた，音声のみによるコミュニケーションによって，話し手の匿名化が可能である。そのことは間違い電話にとどまらず，嫌がらせ電話，いたずら電話など，ときに犯罪的行為が発生する余地を生み出している。

　また，電話の双方向性はその成立において**強制的性格**を持っている。ベルが鳴ったら，特別の場合を除いて，ひとは受話器を取らなければならない。受け手が受話器を取ることが双方向性の成立条件である。電話コミュニケーションは，受け手が受話器を取ることによってはじめて双方向性が確保されるコミュニケーションである。

　電話は送り手によって一方的にかけられ，受け手はそれを受けとらざるをえない。したがって，そこには送り手の優位性が存在する。間違い電話はもとより，親しい人からの電話も受け手の事情と無関係にかかってくる。電話コミュニケーションにおいて，受け手は**会わなくてもよいが，受けとらなければならない**。受け手は双方向性の成立に強制的に関与させられることになる。それから逃避することは，一般に，むずかしい。電話はひとの私的生活

に土足で侵入してくる一種の暴力行為ともなっている。

> **ダブル・リアリティが出現する**

そして、電話を受けとったあとに、そこには**日常世界と電話世界のダブル・リアリティが出現する**。電話コミュニケーションの双方向性は本来2人だけの狭い空間において成立しているものである。パーティ・ラインなどを除けば、一般に電話コミュニケーションは1対1の2人だけからなる閉鎖的な空間・世界である。

家族団欒(だんらん)や来客の場に電話がかかってきた場合、ひとは「ちょっと失礼」と述べ、会話を中断して電話空間への移動を行う。しかし、その移動は別空間・別世界への完全な移動ではなく、その場は同時に日常空間でもある。そこに日常空間と電話空間の二重空間が生じることになる。電話を受けとったものは電話世界への没入を図ろうとするが、目の前に他の人がいる場合、それはきわめて不安定なものとなる。

電話世界は2人だけの世界を構成し、他者を排除しようとする。そして、日常世界における他者は電話の話に耳をそばだてることはせずに、無関心を装う必要がある。声が聞こえても聞こえない振りをしなければならない。そして、電話が終わった後は、何ごともなかったかのように、ふたたび日常的コミュニケーションに戻って行かなければならない。そういうマナーが必要とされる。

しかし、電話コミュニケーションの出現は**日常世界との間にズレをもたらし**、日常世界と電話世界の分断を引き起こす。突然の電話コミュニケーションの開始は周りの人との気まずい雰囲気を醸成する。家族のいる場所にかかって来た、子ども同士の電話の

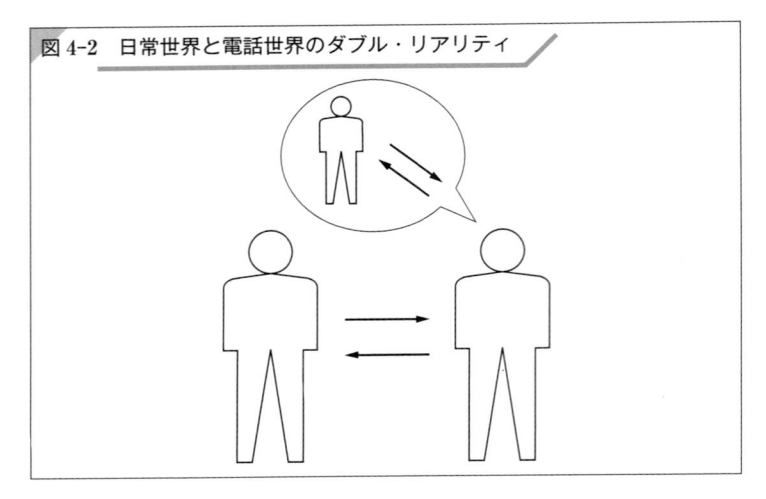

図 4-2　日常世界と電話世界のダブル・リアリティ

場合のように，その間に流れる空気は微妙である。したがって，子どもは深夜の公衆電話に駆け込んだり，親子電話を使って個室に移動したりする。この電話コミュニケーションによるパーソナル化によって家族団欒の消滅が生じるようになる。電話はまさに**「遠くにいるものを結び付け，近くにいるものを切り離す」**働きをする。

電話が多機能化する

他方，電話機がコードレス，キャッチホン，留守電，ナンバーディスプレイ（番号通知）など，その機能を拡充することによって，これまでの電話コミュニケーションのあり方が大きく変わってきている。コードレスやキャッチホンは電話機を居間から個室へと移行させ，電話コミュニケーションの一層の**パーソナル化**をもたらした。そして，留守電やナンバーディスプレイは電話コミュニケーションの**強制的性格**から人々を解放することになった。

ベルが鳴っても、すぐに出る必要がなく、自分が必要と思われる場合にのみ選択して受け取ることができるようになる。また、不在時でも用件をあとで知ることができるようになり、電話は**非同期性**を獲得することになった。ただし、相手が面倒なので留守電にメッセージを残さないとか、また、相手に通じたのかどうかわからないという心配や不安が新たに生じている。

　そして、ファクス、テレビ電話、インターネットなどの機能を備えることによって、電話コミュニケーションが音声のみならず、文字や映像を用いることができるようになってきた。そこでは対面的コミュニケーションと同じように、顔や姿が見えるコミュニケーションができるようになり、しかも、メディアを介して空間的・時間的に拡大した形で可能となった。**電話コミュニケーションが自己表現による参加と双方向のマルチメディア・コミュニケーションとなってきている。**

3 ケータイ・コミュニケーション

> いつ、どこでも使うことができる

　ここ数年において、電話コミュニケーションのあり方が急激な変化を遂げてきている。電話は固定型から移動型に変わり、ケータイと呼ばれる携帯電話が一般的な電話を意味するものになってきている。電車、デパート、会社、映画館、教室、また家の中や街頭を問わず、至るところでケータイが満ちあふれている。ケータイは仕事用にも私用にも用いられる。また、非常時だけではなく、日常的なときにも使われ、昼でも夜でも四六時中用いら

れている。

　そして，ケータイを何時間も使わないと，気持ちが落ち着かなくなってしまうようになる。ケータイを家に忘れたときは，遅刻してでも取りに戻り，携帯を落とした場合はどうしたらよいかわからなくなってしまうことになる。こんにちにおいて，ケータイなしの生活は考えられなくなっている。

　ケータイは固定電話とは異なり，**持ち運びのできるモバイル機器**である。それは人々の身体の一部とさえなってきている。ケータイが常時接続可能であることによって，仕事と遊びが融合し，公的事柄も私的事柄も同時に進行するようにもなってきている。

　他方，ケータイによって人々は他の人といつでも連絡できる安心感をもつことができる。緊急時の連絡が容易となり，不在のため連絡がとれないということもなくなった。人と人との「**絶え間なき交信**」（カッツとオークス［2003］）が行われるようになっている。

　ケータイはリアルタイムに相手とつながり，ダイレクトに話をすることができる。人々は常にコミュニケーションをすることが可能になった。ケータイ・コミュニケーションは相手の返事を直ちに受け取ることができるが，逆にまた，すぐに出なければならない即時的コミュニケーションとなっている。ケータイはコミュニケーションの敷居を低くし，人々が気楽にコミュニケーションをするようにさせている。人々のコミュニケーションの回数も増え，夜間や深夜のコミュニケーションを当たり前のものにさせている。

　このようなケータイが爆発的に広がったのは，何よりも電話機が**小型化**されたことが大きな理由である。当初は大型のショルダ

ー・タイプであったが，次第に小型になり，軽量化した。そしてまた，電話機のモバイル化がもうひとつの理由となっている。電話機の**モバイル化**は自動車電話から引きつぎ，PHP（簡易型移動電話）へと展開して，移動体通信メディアとなった。モバイル化によって人はいつ，どこでも，誰とでもコミュニケーションすることが可能となった。電話機の空間的固定性が変化し，場所が流動化し，**脱空間化**が押し進められた。ケータイでは「いま，どこ？」と相手の所在を確かめる必要が出てきている。

　昭和62（1987）年に日本で初めて発売された携帯電話は，平成6（1994）年には固定電話の加入数を上回ってきている。総務省の調査によると，平成21（2009）年3月現在の携帯普及率は84.1％であり，とりわけ，ケータイ世代といわれる20代は9割以上が所有し，60歳以上の高齢者も4割近くが利用している。

　ケータイはまた，通話やメールのみならず，インターネットに接続して，天気，ニュース，オークション，ショッピング，バンキング，画像，動画，音楽，ゲーム，テレビなどを見たり，楽しんだりすることができる。**ケータイは高機能化・多機能化し，いまや総合的な情報機器となってきている。**

親密な関係が生み出される

　ケータイは人々が情報をみずから発信するコミュニケーションを促進し，**双方向のコミュニケーション**を活発化させてきている。ケータイのコミュニケーションはまた，コミュニケーションすることそれ自体を目的とする**コンサマトリー**なものが多くなっている。とくに用事もないのに，ただおしゃべりをするものとしてもケータイが用いられている。別れた後でも，すぐにケー

タイするのは用事を忘れたからだけではないようである。そのことによって，仲間意識や一体感を持つことができるようになる。

ケータイのコミュニケーションは親しい人とのつながりを一層強めさせている。人々は24時間ずっと親密な関係を維持する「**フルタイム・インティメイト・コミュニティ**」（仲島一朗・姫野桂一・吉井博明［1999］）を形成するようになる。ケータイはまた，これまで知らなかった人とも親しくなることができるようにさせている。親密ではあるが，お互いの個人情報をもたない「**インティメイト・ストレンジャー**」（富田英典［2009］）が生み出されている。もちろん，その親密度は「メルアド」（メール・アドレス）までの浅い関係から，「ケータイ番号」を教えるまでの深いものと多様である。

ケータイは家族を介することなく，直接本人が出ることができることから，子どもの家族離れが生じ，親とは必要な事柄を連絡する程度となってきている。そしてまた，ケータイは身近な人とのコミュニケーションを追放しつつある。喫茶店に入った仲間たちが席に着くと直ちにケータイを取り出し，遠くの人とコミュニケーションを行う。目の前の友だち同士でコミュニケーションがなされている場合でも，ケータイがかかってくると，それが中断されてしまうようにもなっている。

物理的空間と情報空間のズレが生まれる

ケータイは日常の空間とは異なる**ケータイ空間**を生み出し，ときにその間のズレを引き起こしている。電車内のケータイの音声が迷惑に思われるのは，ケータイの**私的な情報空間**が**公的な物理的空間**を支配してしまうからである。ケータイする人たち

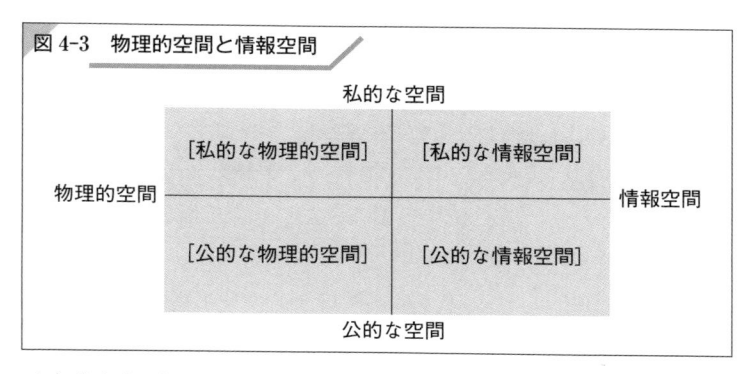

図 4-3　物理的空間と情報空間

```
                       私的な空間
         ┌──────────────┬──────────────┐
         │ [私的な物理的空間] │ [私的な情報空間] │
物理的空間 ├──────────────┼──────────────┤ 情報空間
         │ [公的な物理的空間] │ [公的な情報空間] │
         └──────────────┴──────────────┘
                       公的な空間
```

は自分たちだけの私的な情報空間に没入して，周りの人々の公的な物理的空間を無視してしまう。しかし，周りの人々は互いに不要なかかわりを避ける「**不関与の規範**」(ミリグラム[1970])によって，「**儀礼的無関心**」(ゴッフマン[1980])を装い，特別の関心を持たないことを示そうとする。けれども，聞きたくないことを無理に聞かされ，しかも，話の内容がわからないので不快感が生じ，ケータイしている人とトラブルを引き起こすことにもなっている。**私的な情報空間が公的な物理的空間に侵入し，公的空間の私化がなされた**からといえよう（➡図 4-3）。

その点からいうと，ケータイ・メールは音声が出されないので，静かにコミュニケーションが行われ，トラブルの発生を回避することができる。メールの利用が大幅に増え，ケータイは通話用としてよりもメールとして使用されることが多くなってきている。そして，こんにち，メール・コミュニケーションが若者のコミュニケーションの主流になり，**ケータイ・イコール・ケータイ・メール**といえるほどになっている。そこから，ケータイ・コミュニケーションに大きな変化が生じてきている。

| 図4-4　ケータイ・コミュニケーションの変容 |

1. ケータイ・コミュニケーションの場面が変わる
2. ケータイ・コミュニケーションが文字コミュニケーションに変わる
3. ケータイ・コミュニケーションが非同期に変わる
4. ケータイ・コミュニケーションの内容が変わる
5. ケータイ・コミュニケーションの相手が変わる

ケータイ・コミュニケーションが変わる

　第1に，ケータイの使用場所が変化し，コミュニケーションの場面が変わってきている。音声を用いるケータイ・コミュニケーションは屋内でも屋外でも，どこにおいても行われ，他の人の迷惑となることが多かった。けれども，メールの利用によって**音声なしのコミュニケーション**が可能となった。そこから街頭ではケータイによる音声コミュニケーションが，電車や教室ではメールによる音声のないコミュニケーションが多くなされるようになった。

　第2に，コミュニケーションのあり方が音声コミュニケーションから**文字を媒介とするコミュニケーション**に移行してきている。ケータイの利用の仕方が声から指へと変わり，言語以外の文字や絵文字が用いられるようになった。このことは文字で書くこと（打つこと）によるコミュニケーションの復活とでもいえるかもしれない。メールはまた，送受信の内容を保存でき，読み返しでき，転送でき，加工することも可能である。

　第3に，メールによって**非同期的コミュニケーション**が行われるようになった。ケータイはリアルタイムであったが，メールはすぐに返事（即レス）をする必要がなく，時間的余裕が与えられる。そのことによって，コミュニケーションの**強迫性**から解放される

ことになる。そして，メールは相手との距離を置くことができ，自己保存が可能となる。対面的なコミュニケーションや電話が苦手な人は相手の反応を気にせずにメールを使用できるし，また，相手の都合を気にする必要がなくなる。

　第4に，メールはコミュニケーションの内容を変化させている。ケータイの場合は，緊急時の呼び出しや連絡，重要な事柄や複雑な内容，また内密の相談事が多かったといえる。これに対して，メールの場合は，近況，事務連絡や簡単な内容，待ち合わせや居場所の確認，そして，おしゃべりなどが主なコミュニケーションの内容となっている。

　第5に，コミュニケーションの相手が変わってきている。ケータイの場合は親子間など近くの特定の人間，メールのときは友人など遠くの人や不特定多数の人に対して用いられるようになってきている。ケータイは内輪の人とのコミュニケーションが多く，メールは遠方の不特定多数の人とのコミュニケーションが多くなっている。

ケータイ問題が発生する

　他方，ケータイ・メールは言葉足らずや言い過ぎによって誤解を招くことも少なくない。あるいはまた，遅い返事（亀レス）は相手の不信を生んだり，仲間はずれやいじめをもたらすようにもなる。そのため，いつもメール・チェックをしなければならず，過度に気を遣うようになり，ケータイから離れられなくなる。逆に，メールがないときにはストレスや不安，孤立感を感じるようになる。このような**ケータイ依存症**や**ケータイ中毒**になってしまうことも生じている。

Material ⑩

ある若い女性の一日

朝起きて、すぐにケータイをチェック。
歯を磨きながら、ミクシィの友達の日記を読む。

電車を待つ間にケータイ・メールを見る。ミクシィにコメント。
通勤通学の電車の中でケータイ・メールを見る、ブログのチェックをし、ミクシィに書き込みをする。

仕事や授業の合間にケータイでメールを打つ。

帰りの電車でメールをチェックし、ミクシィに書き込みする。

帰宅して、テレビを見ながらケータイでメールする。
自分の部屋に戻って、部屋でパソコンのメールをチェック。
メールの書き込みをし、ニコニコ動画を見る。

お風呂でケータイ・メールをする。
ケータイを見て就寝。

　そしてまた、ケータイ・コミュニケーションは感情的に相手を攻撃し、誹謗中傷し、だましたりすることも引き起こしている。ケータイ・コミュニケーションにおける嫌がらせやいじめの増幅も、こんにち、深刻化してきている。また、ネットにつながることから、悪質メールや迷惑メールに悩まされ、出会い系サイトや有害・違法サイトなどによって事件・事故が発生するようにもなっている。そこから、人々のふれあいが減少し、互いを傷つけあい、歪んだ関係が生まれるおそれも出てきている。
　このようなケータイ・トラブルやケータイ・ハラスメントなどの

広がりを防ぐ当面の対策として，フィルタリングの利用やブラックリスト・ホワイトリストの作成，さらには小中高校生のケータイの使用禁止が進められている。けれども，ケータイ問題の本当の解決には，人々がケータイ・リテラシーを十分に身につけ，ケータイ・モラルやケータイ・ルールをみずから主体的に作りあげ，**批判的，創造的な「ケータイ・コミュニティ」**を共同して形成していくことが必要となろう。そして，コミュニケーションは各人の利己的な目的達成のための単なる手段ではなく，人と人との温かいふれあいが生まれ，憩いや安らぎを感じるようになる必要がある。そこにおいて人々の相互理解や助け合いの精神が生まれ，そこから新しい自分を発見できるようなコミュニケーションの展開が強く望まれることになろう。

Reference 参考文献

岡田朋之・松田美佐編［2002］，『ケータイ学入門』有斐閣。

カッツ，J. E.，M. A. オークス［2003］，『絶え間なき交信の時代』富田英典監訳，NTT 出版（原著，2002）。

加納寛子・加藤良平［2008］，『ケータイ不安』日本放送出版協会。

ガンパート，G.［1990］，『メディアの時代』石丸正訳，新潮社。（原著，1987）

ゴッフマン，E.［1980］，『集まりの構造』丸木恵祐・本名信行訳，誠信書房（原著，1963）

德田雄洋［2009］，『デジタル社会はなぜ生きにくいか』岩波書店。

富田英典［2009］，『インティメイト・ストレンジャー』関西大学出版部。

富田英典ほか編［2007］，『デジタルメディア・トレーニング』有

斐閣。

仲島一朗・姫野桂一・吉井博明 [1999], 「移動電話の普及とその社会的意味」『情報通信学会誌』59 号 16 巻 3 号, 79-92 頁。

橋元良明編 [2008], 『メディア・コミュニケーション学』大修館書店。

船津衛 [2006], 『コミュニケーションと社会心理』北樹出版。

マクルーハン, M. [1987], 『メディア論』栗原裕ほか訳, みすず書房（原著, 1964）。

ミード, G. H. [1973], 『精神・自我・社会』稲葉三千男ほか訳, 青木書店（原著, 1934）。

Milgram, S. [1970], The Experience of Living in Cities, *Science*, 167: 1461-1468.

吉見俊哉 [1994], 『メディア時代の文化社会学』新曜社。

吉見俊哉・若林幹夫・水越伸 [1992], 『メディアとしての電話』弘文堂。

渡辺潤 [1989], 『メディアのミクロ社会学』筑摩書房。

第5章 集団・組織のコミュニケーション

親子のコミュニケーション

（共同通信社提供）

1 家族コミュニケーション

家族コミュニケーションはコンサマトリー

こんにちのわが国における一般的な家族形態は，夫婦と未婚の子どもからなる家族，つまり**核家族**である。この核家族におけるコミュニケーションは何よりも**フェース・トゥ・フェース**で**親密な直接的関係**からなり，夫婦，親子の間における**愛情と信頼**にもとづくコミュニケーションを中心に成り立っている。

かつての伝統的家族である「イエ」においては，絶対的権威を持つ家長によるタテのコミュニケーションが確立していた。代々受け継いできた「家業」や「家産」に関することはもちろん，家族メンバーすべての結婚，就職，居所に至るまで，家長が一方的に決定し，命令し，他のものはそれにただ従うだけであり，口答えすることが許されなかった。

これに対して，現在の家族のコミュニケーションのあり方は，家族メンバーが同等の権利を持ち，家族の生活に関して相互の話し合いを行うヨコのコミュニケーションからなっている。コミュニケーションによって，家族の意志の決定がなされ，それぞれの行動が行われるものとされる。そして，家族コミュニケーションは，本質的には，目的達成のためというよりも，それ自体が意味のある**コンサマトリーなコミュニケーション**となっている。

このような家族コミュニケーションのメディアはどれか1つに限定されるのではなく，言語的，非言語的など，すべてのメディアが用いられる。そして，家族コミュニケーションの内容には，

Material ①

　天明二年の秋，加恵は華岡家に嫁いだ。妹背家では盛大な宴を張って娘を送り出したが，この地方の習慣に従って婚家先には家人は誰も従わない。だから加恵は綿帽子を冠って見事な花嫁衣裳で平山まで窓をあけた駕籠で運ばれると，ただ一人で家の中に上らなければならなかった。

　於継が待ちかねていたように手を取って迎え入れ，座敷までその手をひいて床の間の前に用意されてあった花嫁の座へつかせた。花婿の座にいるべき雲平は京都へ出てもう半年の余になる。花婿のいない婚礼であった。後年編まれた華岡青洲の年譜の中で婚姻の年月がはっきりしていないのは，こういう事情からであろうか。しかしそれは珍しいことではあっても非難を受けることではなかった。この時代の女は家に嫁ぐのであり，華岡家の長男が必ず帰ってくるのならば留守中に迎えられても嫁の座は不安定なものではなかった。殊に加恵は姑となるひとから懇望された嫁なのである。

(有吉佐和子『華岡青洲の妻』30-31頁〔新潮社，1967年〕)

夫婦の愛情や子どもの社会化に関するもの，また共同生活や精神的安定にかかわるもの，さらには家族の経済的・社会的・文化的生活に関することなど，すべての事柄が含まれている。

　親子の間のコミュニケーションは育児，社会化，自我やパーソナリティ形成にかかわり，社会的な価値・規範，また知識や文化の伝達がなされ，情緒的つながりの維持・強化がなされる。そして，子どもの成長に応じて，コミュニケーションのあり方は変化する。

　乳幼児期においては，授乳，排泄，入浴，おむつの取替え，着替え，また身体訓練などの世話活動においてコミュニケーションがなされる。親子の間では身体接触（「スキンシップ」），ジェスチ

ュア，顔の表情によるコミュニケーションが多く行われる。この頃は叱るとかほめるというようなコミュニケーション形態が多く用いられ，親による**一方的・命令的コミュニケーション**が主になされる。

そして，言語などのコミュニケーション能力の獲得によって親子の間のコミュニケーションは飛躍的に増加する。この時期の親子コミュニケーションでは基本的な生活習慣の習得や，社会的規範・価値，知識の伝達・学習が行われる。コミュニケーションのあり方も**相互的・説得的コミュニケーション**が多く展開されるようになる。

さらに，子どもの成長にともなって，勉強，友人関係，進路などについての相談，また情緒の安定や不安の解消などのコミュニケーションが展開する。その場合に，父と息子，父と娘，母と息子，母と娘の間のコミュニケーションが急激に増加したり，また突然に減少してしまうこともある。そしてまた，生活習慣や男女交際などに関して，親の過保護，過干渉に対する子どもの反発や，親子の立場，経験，価値観の違いなどから，意見の不一致や対立が生まれ，ときに相互の回避や無視などが生じる。このような親子間コミュニケーションの断絶は反抗期や思春期のコミュニケーションの一般的傾向とされている。

夫婦コミュニケーションは年輪

他方，夫婦コミュニケーションは性，愛情，いこい・やすらぎ，また共同生活を遂行することにおいて行われる。また夫，妻それぞれの仕事，社会参加，趣味・娯楽などについて相互に理解するためになされる。そして，子どもが生まれると，家事，育

Material ⑫

あの人と幸せでしょうか，お母さん。
父さんは，無口を通し逝(ゆ)きました。

伊藤岬（長野県，45歳）

（福井県丸岡町編『日本一短い「母」への手紙』42頁〔大巧社，1994年〕）

児，あるいは近所や親戚とのつきあい方などについてコミュニケーションが行われる。それらについての「夫婦の話し合い」がもたれ，役割分担や相互協力が進められる。

夫婦コミュニケーションの形態としては，かつては家長の権威的な一方的コミュニケーションであったが，こんにちは夫婦の**対等なコミュニケーション**が期待されている。もちろん，現実的には完全に平等な**ヨコのコミュニケーション**というよりも，夫優位の，あるいは妻優位のコミュニケーションが多く存在している。

この夫婦コミュニケーションは言語的・非言語的メディアが使用される日常的・持続的なコミュニケーションであり，その内容も**包括的・全人格的コミュニケーション**である。夫婦の性，愛情，精神的安定などのコミュニケーション，また家事，育児，しつけ，教育，そして家計，住居，服装，趣味，娯楽，スポーツに関するコミュニケーションなど，多様なものとなっている。

そして，夫婦コミュニケーションは家族内にとどまらず，親，兄弟，親戚とのコミュニケーションや近所づきあいや町内会，学校・PTA，地域活動，職場などとのコミュニケーションも存在している。もちろん，これらは夫婦のライフ・コースによって変わってくる。

新婚時には，愛情表現，炊事や洗濯などの家事の役割分担，また互いの性格や仕事についてコミュニケーションがなされ，相互

1 家族コミュニケーション

の理解や共感が深められる。しかし,子どもの誕生によって,夫婦の会話は子ども中心の話し内容となる。乳幼児期には育児やしつけに関する話が多くなされ,夫婦の互いの呼び名もお父ちゃん,お母ちゃん,あるいはパパ,ママに変わる。それは**夫婦のコミュニケーションというよりも父母のコミュニケーション**といってよいものになっている。

そして,学齢期に入ると,子どもの勉強,性格,また進学や就職についてなど,子どもの成長や親の役割期待の変化にともなってコミュニケーション内容が変わってくる。子どもの教育,近所のうわさ,社会的出来事に関するものも増え,ときに老親扶養についての話し合いがなされる。しかし,この時期,夫婦の会話が少なくなり,最低必要な事柄についてのみとか,さらには会話がまったく存在しないことも生じている。

けれどもまた,子どもの結婚や独立によって,夫婦2人だけの家族になったとき,夫婦のみのコミュニケーションが復活する可能性が与えられる。実際には,高齢者夫婦のコミュニケーションが活発に展開される場合もあれば,子どもや孫とのコミュニケーションに移行していく場合もある。また夫婦間のコミュニケーションが完全に断絶し,互いに孤独な状態に陥るときもある。

他方,夫婦のコミュニケーションにおいてよく問題とされるのが夫婦ゲンカ,夫または妻の暴力である。それらは夫婦が異質の社会的・文化的背景を持ち,そのことによって生まれる不十分な理解や誤解から生じることもあれば,長年の結婚生活において,夫の妻に対する期待,妻の夫に対する期待の不一致・食い違い,そして溝の拡大から発生することもある。

このような夫婦の間の対立は**妥協**,**譲り合い**,そして**相互理解**

のコミュニケーションによって克服が試みられる。また，共同生活におけるコミュニケーションを通じて相互調整がなされ，さらには共通体験による共有意味の形成を通じて解決が図られる。そして夫婦のキャリアの積み重ねによって，「阿吽(あうん)の呼吸」や「以心伝心」のコミュニケーションの域に達することも決して少なくない。

家族コミュニケーションが希薄化する

このような家族コミュニケーションのあり方には，しかし，最近の家族関係の急激な変化によってかなり異なった様相が生じてきている。

よく言われるように，現在の家族において「父不在」という現象が生じている。当初は「亭主元気で留守がよい」などといわれていたが，それは家族メンバー間の**ディスコミュニケーション**状態をもたらしている。

父親が仕事が忙しく，帰宅が遅くなったり，また単身赴任したりするなど，「会社人間」となり，家族から離脱してしまう。あるいは，家族における父親の役割があいまいであることから，子どもとのコミュニケーションを母親任せにしてしまう。他方，子どもの方も，塾やおけいこごとに忙しく，また子ども部屋が個室化することによって，親子のコミュニケーションの機会が時間的・空間的に大幅に制限されてしまう。これらのことによって，父子のコミュニケーションが大幅に減少している。

そして，この「父不在」は同時に「**夫不在**」を意味している。それによって夫婦のコミュニケーションが極端に少なくなる。夫婦の会話の時間はきわめて少なく，言葉も「メシ」「フロ」「ネ

図 5-1　父不在・夫不在の母子関係

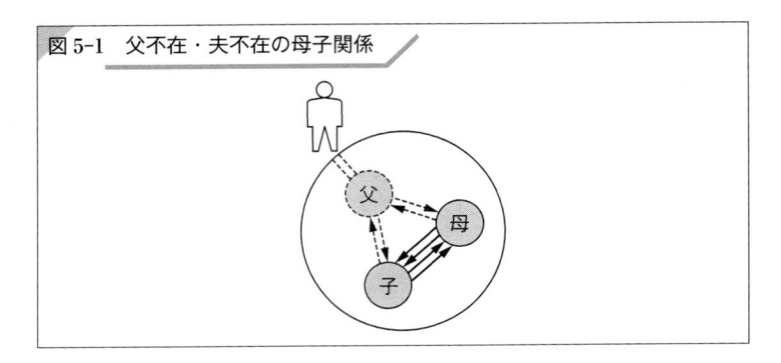

ル」だけになったり，またビジネスライクになる。したがって，夫婦の間には互いの安らぎを生み出す情緒的な**愛情コミュニケーションが欠如**してしまうことになる。

　他方，家族において愛情が満たされると考えるのは神話であり，愛情の充足は現実には無理なこととされる。それは互いに相手に対して夫や妻としてよりも父や母として求めているのであり，それを望むのは**愛情強制**であるといわれる。そこから夫が帰宅拒否をしたり，安らぎの場を会社に求めたりするようになる。

　そして，「父不在」の家族においては母子の一体化が生じる。父とコミュニケーションする機会をもたない子どもは，母へのつながりを倍加させる。そして母は夫とのコミュニケーションの欠落を補償すべく，子どもとのかかわりを強化する。そこに量的にも質的にも濃厚な**母子コミュニケーション**が展開することになる。ここから，過保護による子どもの依存性が強められ，自立性が失われ，ときに家庭内暴力や非行，不登校，いじめの問題を生み出すといわれている。

　核家族化の進行と家族の社会的な孤立化によって，母親は相談する人を身近に持たないことから，育児書に振り回され，育児ノ

イローゼに陥ることもある。出生率の低下による少子化によって，その度合はいっそう強まっている。

他方，女性が自己実現のため，また家計補助のため，職業，文化，政治，消費，地域，福祉などの社会的活動に大幅に進出しつつある。そこから，家族において育児や家事にかける労働の負担が大きな問題となっている。とくに，「夫は仕事，妻は家事・育児」という性別役割分業イデオロギーが強く存在する場合は，問題解決は容易にはなされない。

また，住宅事情の悪化などによって，同居による嫁姑のあつれきが顕在化し，また高齢者扶養や介護が嫁や妻に一方的に押しつけられるようになっている。そして，他方に，高齢社会の出現によって，定年退職後の夫は「濡れ落ち葉」といわれ，やっかいもの扱いされ，家族コミュニケーションの外に置かれてしまうようになる。

このように，親子の関係や夫婦の関係が弱体化し，家族の個人化・分散化が生じ，家族メンバーの**直接的コミュニケーション**が希薄となり，家族は「**ホテル家族**」となってしまう。それは「**家庭なき家族**」の出現であり，まさに家族の危機の到来である。

| コミュニケーション能力の開発を |

このような事態に対して，家族メンバーはコミュニケーションを意識的に行う必要性が強調されている。夫婦・親子の間で意識的な愛情表現や思いやりなどの「**演技**」を行い，ときに誕生会や家族旅行などの家族イベントを行い，家族らしさを「**演出**」すべきというものである。けれども，これらはあくまで一時的・表面的な解決策にすぎない。逆に，いっそうのコミュニケー

ション・ギャップを生み出してしまう恐れも存している。したがって，より基本的な解決には各人の豊かなコミュニケーション能力の開発が求められる。

家族におけるコミュニケーションは各人の利己的な目的達成のためのたんなる手段であるインストルメンタル・コミュニケーションではなく，コミュニケーションそれ自体が意味を持つ**コンサマトリーなコミュニケーションとして活性化**する必要がある。このような夫婦・親子のコミュニケーション能力の高まりによって相互理解が進み，家事・育児への参加や仕事への配慮が広がるようになる。そして，家事や育児が強制労働ではなく，楽しみ，自己実現，ふれあい，そしてアイデンティティの確立がなされうるものへと転換する可能性が与えられる。

さらに，家族メンバーが地域や社会において多様なコミュニケーションを積極的に展開する必要がある。家族の抱える問題を家庭内に閉じ込めるのではなく，社会的に拡大して考えるようになる。

もちろん，問題解決にはなによりもまず労働時間の短縮，自由な時間の拡大，そして育児や老後の社会保障，社会福祉の充実が必要不可決である。しかし，その完全な実現をただちに期待することはできない。そこで，当面は，家事，育児，介護などに関する**ネットワーク形成**が必要とされる。

家事，育児，介護などのネットワーク形成に人々が強い関心を持ち，地域活動やボランティア活動などの社会的活動に積極的に参加するようになる。そのような自立的個人のネットワーク形成がなされることによって，家族が孤立したものから，社会に広くつながりを持つものになっていくであろう。

2 企業組織コミュニケーション

組織コミュニケーションはインストルメンタル

組織とは一定の目的を達成するために人為的に集められた人々の集合を表す。それは一般に地位・役割のヒエラルヒーの体系からなり、そこでは指揮・命令系統が確立され、規則・規範にもとづいた人々の行動が展開される。そして、組織は目的達成のためにもっともよい方法をとることが必要とされる。そのためにムダを省き、能率的・合理的に運営されることが望まれる。このことは組織が巨大化すればするほど強く要求される。

したがって、このような組織におけるコミュニケーションは、目的達成のための手段として利用される。組織の中の人々の活動を円滑に進めるために、組織コミュニケーションが用いられる。組織コミュニケーションは**インストルメンタル・コミュニケーション**であり、それは正確さ、迅速さ、確実さが要求される。そして、組織のコミュニケーションの展開は感情的ではなく、合理的であることが要請されることになる。

このような組織のコミュニケーションは、一般に、組織の地位・役割体系に沿い、指揮・命令系統、規範にもとづいて行われる。組織コミュニケーションの内容は、業務・連絡、決定・命令、報告に関するものがほとんどであり、ほかに、技術・専門知識、一般常識・知識などが含まれている。そして、そこで用いられるコミュニケーション・メディアは、口頭、文書、電話、電子メール、パソコンなどが現在のところ多い。

組織におけるコミュニケーションの形態としては，全員の合議による意思決定のコミュニケーションよりも，上部の少数者の決定による**集権的コミュニケーション**が支配的である。そして，決定された事柄は上から下に流されるというタテのコミュニケーションの形態をとる。もちろん，組織運営の必要性などから，分権的コミュニケーションやヨコのコミュニケーションも展開されている。しかし，組織のコミュニケーションは基本的には**トップ・ダウンの一方通行コミュニケーション**である。

　このような組織コミュニケーションでは，しかし，コミュニケーション内容の不十分な理解，食い違い，思い違い，誤解などがしばしば発生し，それによって組織目標の達成が大きく阻害され，さらには組織自体が有効に機能しなくなることもある。

> 官僚制コミュニケーションは形式化する

　このことは，組織が**官僚制組織**になるにしたがって，よりいっそう顕著になる。官僚制組織は目的を達成するためにもっとも能率的で，もっとも合理的で，もっとも優れた組織であるといわれる。それは官僚制組織における活動が私情を交えず，非人格的に，また没個性的・合理的に行われるからである。

　マックス・ウェーバー★によると，官僚制組織においては，規則によって秩序づけられた権限の原則が存し，それは上下のヒエラルヒーから成り立っており，また文書にもとづく職務遂行がなされ，専門的訓練にもとづく職務活動が行われる。そして，発達した官僚制組織は他の形態の組織と比べると，ちょうど機械的生産様式と非機械的生産様式との違いに似ている（ウェーバー[1987]）。

このような官僚制組織においては,人々の行為には公私の峻別と形式合理性が必要とされる。官僚制組織の中の人間は,組織の歯車となって規則に従って行動することが要請される。したがって,官僚制組織に入る人間は非合理的な感情を抑え,できるかぎり合理的に行動しなければならない。そしてまた,人と違ったやり方,また個性あるやり方ではなく,平均的・画一的やり方で行なわなければならない。そのために,官僚制組織においては,コミュニケーションは文書による情報の伝達という形態をとる。その主たるコミュニケーション・メディアは文書であり,そのコミュニケーションの中心は**書類コミュニケーション**である。

官僚制組織のコミュニケーションは,ウェーバーの指摘するように,文書主義が原則である。このような**文書によるコミュニケーション**は何よりも確実で安全である。それは途中で不明になったり,あいまいになったり,また変更されたりすることがない。

しかし,文書によるコミュニケーションは,一面では,微妙なニュアンスがうまく伝えられないことから,文書解釈の恣意性が生じる。そこで,それを避けるためにさらに文書の数が多くなるという**繁文縟礼**(はんぶんじょくれい)を生み出す。他面,文書によるコミュニケーシ

★マックス・ウェーバー
Weber, Max (1864-1920) ドイツの社会学者,経済学者,歴史学者。資本主義社会の成立と発展に関して,経済,宗教,政治など全体にわたって包括的に解明した。『プロテスタンティズムの倫理と資本主義の精神』『社会学の基礎概念』『職業としての学問』『職業としての政治』『理解社会学のカテゴリー』『官僚制』など多数。

Material ⑬

　ジャクソン＆スタイネム社の百十年にも及ぶ伝統は，きのこのように増殖する経費をカバーすることでしぼんでいた。そのあとでやってきたのが，非人格化とプレッシャーの攻撃だ。テンペランス保険は，会社の規模を二倍にした。二つの階を占めるトレーディング・ルームは成長を義務づけられた場所になり，中東のバザールにも似て，閉所恐怖症をひきおこしそうな感じだった。

　勤務時間表，地位の構成，予算案，服装や態度に関する注意，雇用者親睦(しんぼく)のとりきめ，必要経費の伝票，通勤の形態，制限条項，セールスの割当額……これらもろもろが，官僚制を採用した代償として，いろいろな場面で爆発的な力を振るっていた。テレビカメラが新しい吊り天井にセットされた。営業の電話には残らずマイクロフォンがとりつけられ，顧客からの訴訟はめっきり減少した。管理職は，どんな会話も，気づかれずにモニターできた。資産家に対するセールス攻勢は組織化された。コンピューターによって分類されたとびこみのセールス電話のリストと郵便番号のついた電話帳が，責任者の一人一人に手渡された。バドが受け持たされたのは，頭文字がGのうち，GaからGeまでの人たちだった。

　　　　　（K.リッパー『ウォール街』24 頁〔芝山幹郎訳，文藝春秋，1988 年〕）

ョンは，個々の事情を無視し，また感情的なものを排除するようになる。そこから儀礼主義的・形式主義的コミュニケーションが優勢を占め，そこでの**コミュニケーションは形式化され，画一化され**てしまうようになる。このような官僚制組織のコミュニケーションは，柔軟性に欠け，新しい状況への適応を困難にする。またコミュニケーション自体の変更が不可能であり，固定化されてしまう。

　そして，官僚制組織におけるコミュニケーションは**送り手と受け手の役割が固定化した一方通行のコミュニケーション**である。したがって，それは下からのコミュニケーションが存在せず，構成

員の個性や独自性の発揮のチャンスはなく,また個人の創意工夫の生まれることがないものとされている。

今井賢一らのいうように,「個人的主観や感性に基づいて情報を発信し,相手の出す情報に,また主観をもって反応するということは,人間どうしのコミュニケーションにとって,当然のことだとだれも思うだろう。しかし,その当然のことが,現代の企業組織,特に官僚化した大企業組織の中では行われにくい状況が存在している」(今井・金子[1988])のである。

その結果,官僚制組織において**ディスコミュニケーション**がしばしば発生し,組織の機能障害が生まれる。そして,もっとも能率的で,もっとも合理的であるはずの官僚制組織がもっとも非能率で,もっとも非合理的な組織となってしまっている。

インフォーマル・グループのコミュニケーションが発見される

官僚制組織の非能率性・非合理性は,組織が人々の個性や感情を完全に排除してしまうことから生じる。官僚制組織に入るためには人々は個性や感情を抑えなければならない。それだけではなく,組織の合理性を身につけるよう強いられる。官僚制組織の中の人間は,結果として,自己の放棄,自己の喪失を経験し,非人間化されてしまう。それが官僚制組織の弊害をもたらすことになる。

そこで,組織のスムーズな運営のために,官僚制組織における人間的なものの重視が重要な課題となる。「組織における人間の発見」が,1920年代から30年代にかけてアメリカ合衆国において強く主張された。そして,1927年から5年にわたって行われた,シカゴのウェスタン・エレクトリック社のホーソン工場にお

ける「**ホーソン実験**」で，そのことが具体的に明らかにされた（メイヨー［1951］）。

　まず，「部屋の照明と作業能率との関係」と「作業時間と能率との関係」を調べる実験によっては，労働環境や労働時間という物理的条件がよくなれば作業能率が上がる，という単純な関係が存しないことが知らされた。そこで，作業条件について意見を聴く従業員「面接調査」によって，従業員の「**モラール（morale）**」が作業能率に大きくかかわることが見いだされた。「モラール」とは「仕事への意欲」という人間の感情的要因である。そしてさらに，従業員の作業状況を直接観察することによって，このモラールが集団的に形づくられることが明らかにされた。

　この観察から見いだされたことは，従業員の間には，①「仕事をさぼってはいけない」，②「仕事をやり過ぎてもいけない」，③「会社の規則どおりに仕事をしてはいけない」，④「上役に告げ口してはいけない」，というような一定のルールが存在することである。そして，このようなルールがモラールを支え，それが作業能率に大きく関係していることを発見した。

　そして，このようなルールを持つ仲間集団を，会社のフォーマル・オーガニゼーションとは区別して，**インフォーマル・グループ**と呼んだ。したがって，組織のコミュニケーションには，フォーマル・オーガニゼーションにおけるコミュニケーションだけでなく，このようなインフォーマル・グループにおけるコミュニケーションも存在している。親しい仕事仲間・同僚・部下とのコミュニケーションが組織内部において活発に行われている。

　この**インフォーマル・グループのコミュニケーション**は日常的で，直接的で，感情的なコミュニケーションであるとされる。それは

身近な仲間同士のヨコの双方向コミュニケーションからなっている。それによって人々は仲間意識や一体感を持つようになる。なによりも、インフォーマル・グループのコミュニケーションはとくに何かの目的のために意図的に行われるというよりも、自然発生的で、しかもコミュニケーションそれ自体が意味のある**コンサマトリーなコミュニケーション**となっている。

このような「インフォーマル・グループの発見」は、まさに、組織における人間の存在をクローズアップさせることになった。そして、このインフォーマル・グループの発見はまさに組織における「人間」の発見であるとされた。

人間的コミュニケーションの展開を

しかし、このインフォーマル・グループの重視が、そのまま組織の人間化をもたらすとは必ずしもならない。そこでは、インフォーマル・グループはフォーマル・オーガニゼーションあってのものと考えられ、フォーマル・オーガニゼーションを円滑に動かすための**潤滑油**の役割を果たすものとされている。それによって、コンサマトリーなコミュニケーションであるインフォーマル・グループのコミュニケーションがフォーマル・オーガニゼーションの目的を達成するというインストルメンタルなコミュニケーションに変質されて、形式化し、矮小化してしまうことになる。

他方、また、感情的なコミュニケーション・イコール・人間的なコミュニケーションというわけではない。**人間的なコミュニケーション**には感情的なものだけではなく、また合理的なものもある。合理的なものとは仲間とのかかわりにおける「**コミュニケー**

ション合理的なもの」である。「コミュニケーション合理的なもの」とは，J.ハーバーマスによれば，共通の状況規定のもとで相互の了解と合意が形づくられ，行為の調整がなされるものである（ハーバーマス［1985-87］）。

したがって，このようなコミュニケーションの展開によって，組織に柔軟性が与えられ，組織の創造性が生み出され，そこから組織の変容可能性が生じることになる。それによって，組織は固定的なものから動的なものとなる。

そして，現在，各企業組織で進められている組織の情報化はこのようなコミュニケーションの展開に貢献すべきものとなる。電子メールの採用はヨコのコミュニケーションだけでなく，タテのコミュニケーションの風通しをよくし，それを活性化させる。そしてまた，**電子グループ・コミュニケーション**という第3の組織コミュニケーションの形成を促すようになってきている。

3 ネットワークのコミュニケーション

コミュニケーションがネットワークを左右する

ネットワークとは，人々が任意に自発的に加入・参加し，また自由に脱退できるものである。そこでは固定的なヒエラルヒー体系はなく，それぞれが独立した，ヨコのつながりが存在している。また，確固とした規則や命令は存在せず，各自が自己の責任において自主的に行動するようになっている。

そして，全体の決定に関して，全員の対等な参加がなされ，自由な発言が保証される。また，必要に応じて，役割分担や一時的

なグループ形成がなされる。そこでは，参加者の個性や独自性が大幅に認められ，それぞれの主体性が十分に発揮されうるものとなっている。

　金子郁容によると，ネットワークとは，「固有の意思と主体性のある『ユニット』がそれぞれの自由意思で自発的に参加したまとまり」（金子［1988］）である。そして，ネットワークは「メンバーそれぞれの主体性から来る多様な価値が併存し，差異を尊び，対立を許容し，……（中略）……変化と柔軟性に富む関係のプロセス」である。

　したがって，ネットワークのこのような特質によって，上からの強制や統制ではなく，各自の自主性がもっとも重要なものとなる。ネットワークを構成する人間は他者とつねに同調的である必要はなく，また画一的な行動をとらなくてもよい。それぞれが個性的で異質的な存在として活動できる。そして，ネットワークそれ自体がゆるやかなつながりからなっている。それは固定的ではなく，拡大・縮小，発展・解散，消滅・再生が存する流動的なものである。ネットワークは変化・変容，また革新が存する動的な形態をとっている。

　そして，ネットワークは**新たなものを創出**する。ネットワークは，金子の指摘によると，「ある種の緊張を伴う関係の中で意味と価値を作り出していくプロセス」である。それは「メンバーが互いの違いを主張しながらもなんらかの相互依存関係を持ちながら結び付き，関係の中で意味と価値を作り出すことを可能にするシステム」となっている。

　このようなネットワークは，こんにち，福祉，災害，消費，環境などの領域において現れてきている。そして，具体的には，大

企業,大組織ではなく,小企業や小組織,また個人などの小さな単位の間のネットワーク,企業間や集団間のネットワークとして生まれている。

このようなネットワークにおいてはコミュニケーションの果たす重要性は大きい。コミュニケーションによって,ネットワークの存在が可能となり,また,**コミュニケーションのあり方いかんがネットワークの成功・不成功を左右する**ようになる。ネットワークのこのようなコミュニケーションは,他のコミュニケーションとは区別される重要な特質を有している。

| コミュニケーションは新たな創造をもたらす |

ネットワークのコミュニケーションの特質は,第1に,上から下へのタテのコミュニケーションではなく,**ヨコのコミュニケーション**であることである。そこでは,相互に独立したユニットの自由なコミュニケーションが展開されている。そして,そのコミュニケーションは組織内にとどまるものではなく,組織の外に向かって広く拡大されていくものである。ネットワークのコミュニケーションは,その空間的範囲を無限にひろげる可能性を持っている。

第2の特質は,ネットワークのコミュニケーションは刺激-反応的に展開されないことである。コミュニケーションは**受け手の独自の解釈**が許容され,内容がさまざまに理解され,多様な展開を行いうるものとなっている。したがって,ネットワークのコミュニケーションは既存の情報のたんなる伝達というよりも,**新たなものの創造**をもたらすものとなっている。そこから,コミュニケーションがネットワークのあり方を大きく変化させることにも

なる。

　第3の特質は，ネットワークのコミュニケーションが一方通行のコミュニケーションではなく，**双方向のコミュニケーション**であるということである。コミュニケーションの受信者はいつまでも受信者である必要はなく，発信者に転換し，積極的にコミュニケーションに参加できる。とりわけ，ネットワークのコミュニケーションでは下位の者，そして現場の者の意見が尊重され，**個別的情報，特殊的情報の提供**が期待される。それゆえ，上位のみに所属する情報やコミュニケーションではなく，多くの人の所有する情報やコミュニケーションが展開されるようになる。

　そして，ネットワークのコミュニケーションは**創造的コミュニケーション**となっている。それが第4の特質である。つまり，双方向のコミュニケーションによって，上位のもののコミュニケーションと下位のもののコミュニケーション，一般情報と特殊情報の相互作用がなされ，「そこから新しい関係が生まれ，意味が問い直され，自分と他人の境界が引き直され，目的がとらえ直される。動的相互作用を生み出す契機となる」（今井・金子 [1988]）。

　また，情報を創造するには，異なる世界の人々とのコミュニケーションが必要である。異質な情報や対立する情報は新しい情報の形成をもたらす。したがって，ここでは，伝達に加えて集団討論が多くなされ，個人の解釈が尊重され，人々の創意工夫の提案が奨励される。そのことによって，コミュニケーションは静的なものから**動的コミュニケーション**へと変化する。

　ネットワークのコミュニケーションの第5の特質は，**自己内省による自己組織化**がなされることである。ネットワークのコミュニケーションでは，情報が情報を理解しながら進むという，情報

の自己解釈がなされている。そして，コミュニケーションがコミュニケーションを理解しながら進むという，コミュニケーションの自己解釈過程が展開している。

　自己内省的コミュニケーションはそれ自体の内部においてなされるというよりも，他とのコミュニケーションを通じて生み出される。他者とのコミュニケーションを内在化することを通じて，自己とのコミュニケーションが行われるようになる。このような内省的なコミュニケーションによって，新しいものの創発がなされ，**新たなコミュニケーションの展開**がなされるようになる。

Reference 参考文献

石川実ほか編［1993］，『ターミナル家族』NTT出版。
今井賢一・金子郁容［1988］，『ネットワーク組織論』岩波書店。
ウェーバー，M.［1987］，『官僚制』阿閉吉男・脇圭平訳，恒星社厚生閣（原書，1921-22）。
加藤秀俊［1990］，『人生にとって組織とはなにか』中央公論社。
金子郁容［1988］，『ネットワーキングへの招待』中央公論社。
佐藤悦子［1986］，『家族内コミュニケーション』勁草書房。
佐藤慶幸編［1988］，『女性たちの生活ネットワーク』文眞堂。
塩原勉［1994］，『転換する日本社会』新曜社。
ハーバーマス，J.［1985-87］，『コミュニケイション的行為の理論』上・中・下，河上倫逸ほか訳，未來社（原著，1981）。
ホワイト，W.H.［1959］，『組織のなかの人間』上・下，岡部慶三ほか訳，東京創元社（原書，1956）。
宮本孝二ほか編［1994］，『組織とネットワークの社会学』新曜社。
メイヨー，G.E.［1951］，『産業文明における人間問題』村本栄一訳，日本能率協会（原書，1933）。

第6章 コミュニティ・コミュニケーション

「ならどっとFM」の放送局

1 コミュニティ・コミュニケーション

コミュニティ・コミュニケーションが変容する

コミュニティ・コミュニケーションとはコミュニティに住む人々の日常的,また非日常的なコミュニケーションのあり方を指している。

コミュニティ・コミュニケーションには,何よりもまず,**フェース・トゥ・フェースのパーソナルなコミュニケーション**が存在している。下町の井戸端会議,ゴミ置き場や公園,子どもの遊び場での話し合い,ショッピングの場面でのやりとり,町内会や自治会,また,隣組の会合,婦人会,青年団,老人クラブ,ボランティア団体の会合などでのコミュニケーションである(➡図6-1)。

このようなコミュニティ・コミュニケーションは,かつての農村においては,互いのプライバシーの存在を認めないほど,きわめて濃密なものであった。しかも,その場合のコミュニケーションの流れは,多くが上意下達のタテのコミュニケーションであった。しかし,このようなコミュニケーションは農村の衰退と大都市の発展によって大きく変容している。

昭和30年代の高度成長期において,農村から都市への人口の大量移動をはじめ,都市内部での移動,また都市間の移動など,社会移動現象が一般化した。そこから,都市においては人々が地域に無関心になり,積極的な相互のコミュニケーションの機会も少なくなり,そのあり方が表面的,形式的なものとなっていった。そこに,**コミュニケーション不在のコミュニティ**が生じてしまうこ

図6-1 コミュニティ・コミュニケーション

フェース・トゥ・フェースのコミュニケーション

下町の井戸端会議，ゴミ置き場や公園や子どもの遊び場での話し合い，ショッピングの場面でのやりとり，町内会や自治会，隣組の会合，婦人会，青年団，老人クラブ，ボランティア団体の会合など

メディアを介したコミュニケーション

印刷メディアによるもの	回覧板，折り込み広告，チラシ広告，自治体広報，地域情報誌，フリーペーパー，地域紙，地方紙など
放送メディアを通じてのもの	地方ローカル局，CATV，コミュニティFM放送，同報無線，有線放送など
新しいメディアなどを用いたもの	パソコン通信，インターネットなど

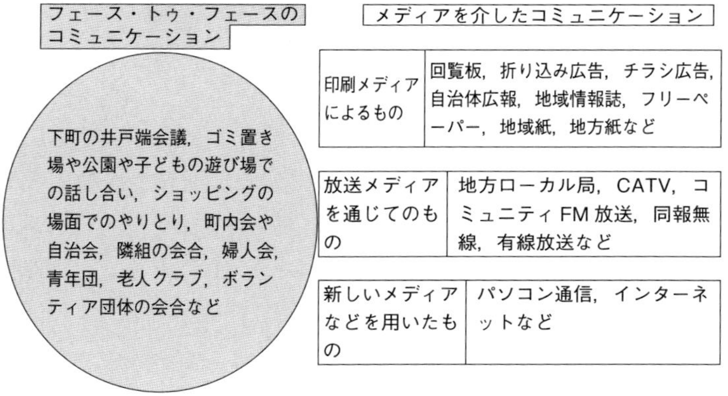

とにもなった。

けれどもまた，都市においては道路，学校，上下水道などの公共施設が不備で不十分であり，交通渋滞や交通事故が日常的に生み出されているなど，さまざまな問題が発生した。そのような問題を解決しようとする住民運動が展開され，その過程において住民の間のコミュニケーションの重要性が認識され，コミュニティ・コミュニケーションの必要性が強まっていった。

こんにち，コミュニティ・コミュニケーションは，一方に，コミュニティ住民にとって必要な買い物，子育て，教育，介護などの身近な情報，また，行政，産業，災害などに関する地域情報の提供に大きな役割を果たしている。のみならず，他方に，**コミュニティ・コミュニケーション**はコミュニティ住民の間の親睦や一体感の醸成などコンサマトリーなコミュニケーションとしても展開されてきている。

> コミュニティ・メディアが注目される

コミュニティ・コミュニケーションには、また、**メディアを介したコミュニケーション**がある。回覧板、折り込み広告、チラシ広告、自治体広報、地域情報誌、フリーペーパー、地域紙、地方紙などの印刷メディアによるもの、また、地方ローカル局、CATVやコミュニティFM放送、同報無線、有線放送などの放送メディアを通じてのもの、そして、パソコン通信やインターネットなどの新しいメディアなどを用いたコミュニケーションが行われている（➡図6-1）。

コミュニティ・メディアとは身近情報や地域の情報などのコミュニティ情報を提供するメディアを指している。このコミュニティ・メディアが提供する情報はコミュニティに密着した情報であり、コミュニティの抱える問題を明確に把握し、人々のニーズに応える情報を指している。そして、それはコミュニティという観点から意味づけ、解釈し、再構成し、また新たに創造した情報である。

コミュニティ情報には身近な出来事、地域の産業、行政、医療・福祉、文化・歴史、そして、地域により、災害に関する情報がある。とりわけ、医療・福祉や文化・歴史、そして災害に関する情報は地域社会の高齢化、生涯教育の重視、大規模自然災害の発生などによって今後強く必要とされている。

コミュニティ・メディアの役割は何よりもコミュニティ情報を提供することである。地域の実情に合った、きめ細かな情報を提供し、人々にとって必要な情報を臨機応変に提供して、住民のコミュニティ活動に役立てることが必要である。そして、こんにち、CATVとコミュニティFM放送が新しいコミュニティ・メディアとして注目を集めてきている。

CATVとコミュニティFM放送はコミュニティ情報を人々に提供し，住民の活発なコミュニケーションを可能とする新しいコミュニティ・メディアとなってきている。そして，そこでのコミュニティ・コミュニケーションは，もはやかつてのようにタテのコミュニケーションではなく，住民同士が対等にかかわりあう**ヨコのコミュニケーション**となっている。しかも，そこにおいて，人々はみずからの情報を積極的に発信し，**双方向のコミュニケー**

★コミュニティ・メディアに関する調査――――――――――――
(1) CATVの現状と将来像
　調査項目：設立時期・理由，運営主体，業務内容，番組内容，運営上の問題点，地域社会とのつながり，現在の問題点，将来展望，今後の課題
　調査方法：調査票の郵送によるアンケート調査
　調査期間：平成16（2004）年10月
　調査対象：全国のCATV施設580
　回収数（回収率％）：310（53.4％）
　船津　衛ほか『CATVの現状と将来像に関する調査　2004』（東洋大学21世紀ヒューマン・インタラクション・リサーチセンター調査研究報告書）平成17年3月，参照。
(2) コミュニティFM放送の現状と課題
　調査項目：設立時期・理由，番組内容，地域社会との関連，住民とのつながり，重点を置く災害情報，現在の問題点，今後力を入れたいこと，国への要望
　調査方法：調査票の郵送によるアンケート調査
　調査期間：平成18（2006）年8月〜9月
　調査対象：全国のコミュニティFM放送局183
　回収数（回収率％）：117（63.9％）
　船津　衛『コミュニティ・メディアとしてのコミュニティFM放送の現状と課題』（平成18年度放送大学特別研究　研究報告書）平成18年12月，参照。

ションを行い，そこから新たなものを生み出すダイナミックなコミュニケーションの展開がなされるようになっている。

2 CATV, コミュニティFMとコミュニティ・コミュニケーション

> コミュニティ・メディアはコミュニティ情報を多く提供する

CATVとはケーブル・テレビ，つまり有線テレビのことである。それは，もともとは地形上の難視聴やビルなどによる難視聴，また，新幹線や電力線などによる難視聴に対する対策としてスタートしたものである。

NHKテレビ開局の2年後の1955（昭和30）年に，群馬県伊香保温泉に設置されたわが国の最初のCATVは山間部での**難視聴対策**のためであった。その意味では，CATVは当初においてコミュニティ・アンテナ・テレビであり，その多くが再送信業務を主な仕事とし，いわば**マス・メディアの補完**としての機能を果たしてきた。

しかし，空チャンネルの利用によって**自主放送**を行い，次第に行政情報や生活情報などを提供するようになった。つまり，CATVはコミュニティ情報を提供するコミュニティ・メディアとして展開されるようになっている。

1963（昭和38）年に岐阜県郡上八幡において自主放送が開始され，地域住民がみずからの手で自分たちのテレビを作り，地域の情報を放送するようになった。2004（平成16）年実施のCATV調査によると，CATVの地域との関連として，「身近な情報の提供」が圧倒的に多く，ついで「住民のコミュニケーションの活発

図6-2 コミュニティ・メディアの地域社会との関連

項目	CATV（平成16年）	コミュニティFM（平成18年）
1. 身近な情報の提供	94	97
2. 地域文化の育成	53	62
3. 地域の歴史・伝統の発掘・保存	47	44
4. 地域住民の声の反映	60	58
5. 地域意識の強化	39	33
6. 住民のコミュニケーションの活発化	61	54
7. コミュニティの形成	41	39

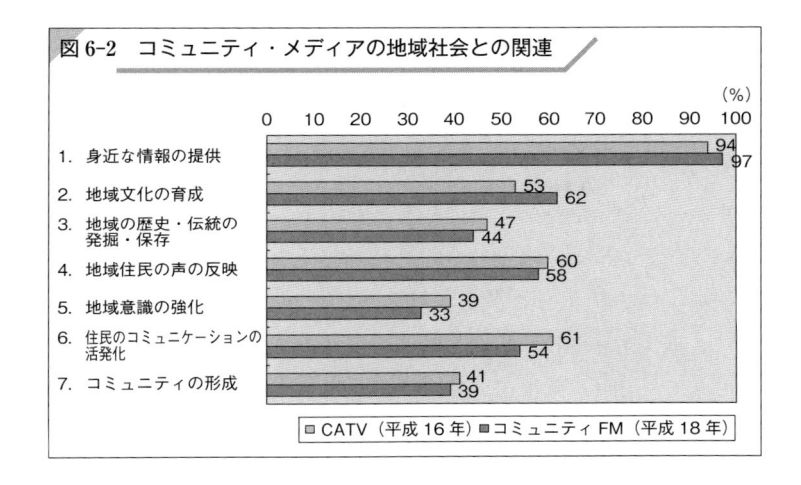

化」が多く、また「地域住民の声の反映」や「地域文化の育成」も多くなっている（➡図6-2）。

1964（昭和39）年に設置された「唐津ケーブルテレビジョン」（佐賀県唐津市）は1973（昭和48）年に自主放送を開始し、「ぴーぷる放送」の名称で市民に親しまれ、市民のテレビとしての位置を獲得してきている。「唐津ケーブルテレビジョン」は「地域アイデンティティとしてのコミュニティ・メディア」と自己規定し、市民の、市民による、市民のための放送を目指している。「からつくんち」の中継、学校行事の中継、地域の若者によるテレビ・ジョッキー、また「サイレンがなったら12チャンネル」という緊急火災放送がそのことを表わしている。

1981（昭和56）年に「一関テレビ」として開局し、2001（平成13）年に現在の名称となった「一関ケーブルネットワーク」（岩手県一関市）は岩手日日新聞社の強力なバックアップのもと、「地域密着型コミュニティ・テレビ」をモットーにしている。「一

関ケーブルネットワーク」は市内の身近な情報，市政，事件，行事，イベント，市議会中継，夏祭りや藤原祭りなど，地域の情報の提供に力を入れ，さらに災害情報の提供を積極的に行ってきている。

また，1984（昭和59）年に「水島有線テレビ」として設置され，1986（昭和61）年，現在の名称となった「倉敷ケーブルテレビ」（岡山県倉敷市）は地域情報，行政，政治，お祭り，映画情報，住職による法話，学校・教育，趣味の情報を提供している。

そして，1986（昭和61）年に「ニューメディア米沢」として設置され，2000（平成12）年に現在の名称となった「ニューメディア」（山形県米沢市）は「町中がスタジオ」をキャッチフレーズにし，身近な情報，地域の情報，教育情報，スポーツ情報，音楽を多く放送している。

各地のCATVにおいては，地域情報の提供に力を入れているところが大幅に増えており，「コミュニティ・チャンネル」の設置という形で実行されている。「コミュニティ・チャンネル」では地域の催し物や出来事の紹介，演劇，スポーツ，講演会の案内，幼稚園・保育所・小学校の様子，美術館や博物館の紹介，また，お祭り，花火大会，マラソン・水泳・カラオケ大会，そして，交通情報，買物情報，さらに広報，市議会中継，あるいは災害情報などを提供されている。

CATVは，こんにち，コミュニティ情報を提供するコミュニティ・メディアとして展開されている。それは身近な情報，地域の情報，行政情報，文化情報，教育情報，福祉情報，医療情報，災害情報などを多く提供してきている。わが国において自主放送を行っている施設は，2009（平成21）年3月現在，689施設とな

Material 14

　私は一九三五年十二月十日に青森県の北海岸の小駅で生まれた。しかし戸籍上では翌三六年の一月十日に生まれたことになっている。この二十日間のアリバイについて聞き糺(ただ)すと，私の母は「おまえは走っている汽車のなかで生まれたから，出生地があいまいなのだ」と冗談めかして言うのだった。

　実際，私の父は移動の多い地方警察の刑事であり，私が生まれたのは「転勤」のさなかなのであった。だが，私が汽車のなかで生まれたというのは本当ではなかった。北国の十二月と言えば猛烈にさむかったし，暖房のなかった時代の蒸気汽車に出産間近の母が乗ったりする訳がなかったからである。それでも，私は「走っている汽車の中で生まれた」と言う個人的な伝説にひどく執着するようになっていた。

　自分がいかに一所不住の思想にとり憑(つ)かれているかについて語ったあとで，私はきまって，

　「何しろ，おれの故郷は汽車の中だからな」

　とつけ加えたものだった。

　　　　　　（寺山修司『誰か故郷を想はざる』8頁〔角川書店，1973年〕）

っている。

　コミュニティFM放送とは地域に密着した情報を提供するコミュニティ・ラジオのことである。平成4年1月に，それまで県域放送であったものが地域住民にとって必要な，きめ細かな情報を提供するコミュニティ放送となった。コミュニティFM放送は当初からコミュニティ情報の提供に力を入れ，行政情報，文化・教育情報，医療・福祉情報，ショッピング情報などを提供し，災害時における情報の収集・伝達を行ってきている。

　2006（平成18）年に行った全国のコミュニティFM放送局に対する調査によると，コミュニティFM放送の地域社会との関連

として「身近な情報の提供」が最も重視されており，ついで「地域文化の育成」が重視され，また「地域住民の声の反映」や「住民のコミュニケーションの活発化」も重視されている（➡図6-2）。

「FMながおか」（新潟県長岡市）は天気予報，ニュース，交通情報，市からのお知らせ，お悔やみ，円相場，音楽，文化・歴史，政治・行政，教育の情報を提供し，「FMくらしき」（岡山県倉敷市）では地域の生活，天気予報，ニュース，道路・交通，美術館，スポーツ，音楽，経済，宗教，行政などの情報が提供されている。そして，「FMくらしき」と「FMながおか」は協力して，災害時に自動的に電源が入り，大音量で緊急放送を聞くことができる「緊急告知FMラジオ」を実用化している。コミュニティFM放送は，2009（平成21）年8月現在，231局が開局されている。

コミュニティ・メディアに住民が参加する

このようなコミュニティ・メディアは，読者や視聴者が番組に参加したり，また企画・制作するなどの番組づくりを行うことができる。コミュニティ情報は外から，上から与えられるものではなく，コミュニティ住民が下から，内から生み出されるべきものである。**コミュニティ情報の主体はコミュニティ住民であり，コミュニティ住民の主体的活動としてコミュニティ情報の創造が必要とされる。**したがって，コミュニティ・メディアには**住民参加・参画**が不可欠である。そのことによって，住民間の相互的な情報伝達や情報交換が行われ，コミュニティ・コミュニケーションが活発化され，地域からの情報発信や地域文化の育成が推進されるようになる。

CATVにおいては視聴者が番組に参加し，また企画・制作な

図 6-3　住民とのつながり

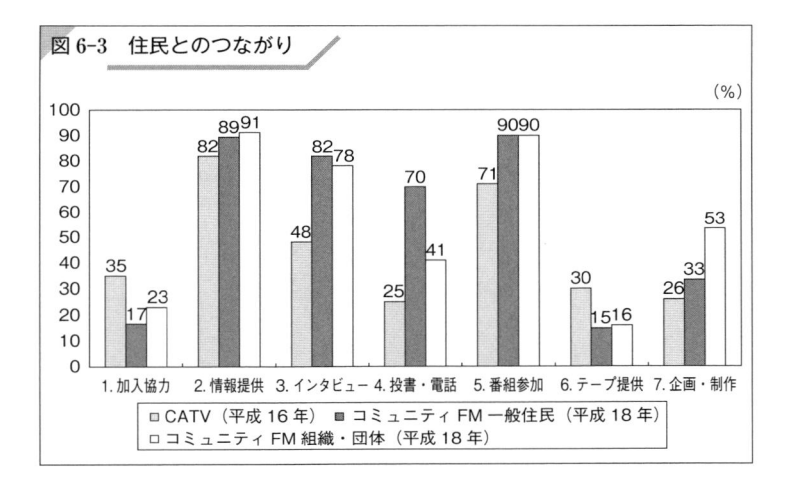

	1.加入協力	2.情報提供	3.インタビュー	4.投書・電話	5.番組参加	6.テープ提供	7.企画・制作
CATV（平成16年）	35	82	48	25	71	30	26
コミュニティFM 一般住民（平成18年）	17	89	82	70	90	15	33
コミュニティFM 組織・団体（平成18年）	23	91	78	41	90	16	53

どの番組づくりを行うことができる。CATVの地域住民とのつながりとして「情報提供」が最も多く、ついで「番組参加」が多く、また「インタビュー」や「加入協力」も多くなっている（➡図6-3）。

「狭山ケーブルテレビ」（埼玉県狭山市）では狭山市民が作る番組として自治会、生活、料理、シニア紹介などの内容が放映されている。また、愛知県津島市の「クローバーTV」では西尾張ビデオクラブメンバーの作品を紹介しており、「長崎ケーブルメディア」（長崎県長崎市）では高校生のビデオネットが行われている。

コミュニティFM放送も住民参加にきわめて積極的である。住民とのつながりとして、一般住民に対しては「番組参加」が最も多く、ついで「情報提供」「インタビュー」「投書・電話」が多い。地域組織・団体の場合は「情報提供」が最も多く、ついで「番組参加」「インタビュー」が多く、ほかに、「企画・制作」が一般住民の場合に比べ多くなっている（➡図6-3）。

「ならどっとFM」(奈良県奈良市)は地域に密着した情報の発信によって、商工・観光の活性化および市民交流の促進を目指している。アナウンサーやパーソナリティを地元から採用するとともに、ボランティア協会やナビータなら、また大学の放送研究会に委託などして番組編成を行っている。

また、「喜多方シティエフエム」(福島県喜多方市)は市民の、市民による、市民のための放送局として、みずからを「地域の夢おこしのために市民が作った放送局」と名付け、地域コンテンツにこだわった番組制作を行っている。そのために、番組の企画・制作からパーソナリティに至るまで、市民が参加する「市民参加型放送局」形態をとっている。「FMくらしき」では学校自慢、名物先生、学校での話題など、高校生の作る、高校生のための高校生の番組が放送されている。

そして、CATVにおいては、住民の番組への出演や住民自身による番組の企画・制作が次第に増えてきている。多くのCATVが市民の作った音楽、料理、地理・観光、人物などのビデオ作品を放映している。そして、CATVは、住民自ら番組を企画・制作する「**パブリック・アクセス・チャンネル**」を持つことができる。

「パブリック・アクセス・チャンネル」とは、住民が自主的に企画・制作した放送番組である。ボストン公共放送局が1971年に市民が企画・制作した番組を放送したのが始まりであり、1972年に連邦通信委員会(FCC)がCATV事業者に対して義務づけ、アメリカ合衆国では既に一般化している。しかし、わが国においては、現在のところ、きわめて少ない。

わが国では昭和58年に設立された「中海テレビ放送」(鳥取県

図 6-4　パブリック・アクセス・チャンネルのプログラム

| 27CH | パブリック・アクセス・チャンネル | みんなでつくる、市民チャンネル |

放送時間　正午〜深夜

1(火)	サラムーン・ぬいぐるみバンド「丸合オープン記念イベント」 琴修会・大正琴ふれあいコンサート ヤマハポピュラーミュージックスクール	16(水)	諸手船神事 境彬さん
2(水)	米南　BEINAN　紹介ビデオ 鳥取県立米子南商業高等学校	17(木)	稚児行列と茶盤供養・清水寺落慶法要　中村茂さん 弓ヶ浜展望台にて一ボランティアの清掃奉仕風景と展望者 木村邦展さん
3(木)	医though紹介ビデオ鳥取大学医療技術短期大学 付属ロ(岸本町吉定)山城殿さん 大山の紅葉・老人会のリンゴ狩り 境彬さん	18(金)	阿波鳴戸㊥ 柴田与作さん
4(金)	みどり幼稚園　みどりっ子コンサート みどり幼稚園	19(土)	討論　「学校週休2日制」
5(土)	かもめ幼稚園　平成3年度研究発表会・平成4年度お泊り会 かもめ幼稚園	20(日)	Wrestle Beat　（第7回） 角谷陽一郎さん・倉本高臣さん
6(日)	Wrestle Beat　（第5回） 角谷陽一郎さん・倉本高臣さん	21(月)	おらが、村祭り夜の村民まつり/今日は我の祭り舞台祭 大橋洋子さん/第38回米子東定期演奏会・中海の 水鳥は、今　㊥　米子北高等学校放送部
7(月)	南蛮トライヤーズ　ライヴin会見町 南蛮トライヤーズ	22(火)	上海・西安・北京㊥ 染川達郎さん
8(火)	平成4年度　明道公民館祭（11月7・8日） 明道公民館、老人クラブ（染川達郎さん） たく鉢持業、茶せい供養 境彬さん	23(水)	就将校区民大運動会㊥ 竹中敬司さん
9(水)	平成4年度　車尾公民館祭（11月7・8日） 車尾公民館、老人クラブ（境彬さん） しょじむ村祭り石ぐれいり 児島薫徳法要	24(木)	第38回米子市菊花展㊥ 足羽修さん
10(木)	平成4年度　河崎公民館祭（11月14・15日） 河崎公民館　（カメラ　中村守男さん）	25(金)	母と子の防火フェスティバル 水嶋一夫さん
11(金)	東欧4か国の旅 染川達郎さん	26(土)	討論　「環境問題を考える」
12(土)	ザ・ウェーブ討論会 テーマ　未定	27(日)	Wrestle Beat　（第8回） 角谷陽一郎さん・倉本高臣さん
13(日)	Wrestle Beat　（第6回） 角谷陽一郎さん・倉本高臣さん	28(月)	貧血教室㊥ 高橋浩二さん
14(月)	高血圧・動脈硬化教室 高橋浩二さん	29(火)	がいな祭・加茂川まつり㊥ 柴田与作さん
15(火)	くずもじどうかんまつり 車尾児童館	30(水)	FCT15周年記念国際フォーラム 「CATVを市民のメディアに」 小笹彬さん
		31(木)	サラムーン・ぬいぐるみバンド「丸合オープン記念イベント」㊥ 琴修会・大正琴ふれあいコンサート ヤマハポピュラーミュージックスクール （1日と同じ）

都合により番組を変更させていただくことがあります。
放送予定は番組中にスーパーでお知らせしています。

あなたの作品お待ちしています。

こんな企画、待ってます！

★「うちの子自慢」（3〜5分）
お子さんのかわいい映像に一言メッセージを添えてお願いします。

★「クリスマス・クリスマス」
讃美歌響く教会、賑わう街の様子、友達との楽しいパーティーなど…、あなたはどんなクリスマスをすごしますか？

★「'92・私が選んだ10大事件」
'92年をあなたなりに振り返ってみませんか？リポーターはモチロン、あなた！

その他
自由なテーマでどんどんご参加下さい。

米子市）によって，住民が制作する番組として「パブリック・アクセス・チャンネル」が初めて設けられている。市民が撮影したビデオ作品や団体・組織の活動や行事・イベント，また，個人や家族の記録などが放送されており，また，スタジオが無料で開放

され，自作の番組が生放送されている（➡図6-4）。

　CATVはまた，双方向機能を持つことによって，これまでのワン・ウェーのテレビとは異なり，ツーウェー・テレビとなり，視聴者が番組に直接参加することができる。そこから，CATVは「**インタラクティブ・テレビ**」に発展しうるものとなる。「インタラクティブ・テレビ」とは家庭にあるプッシュボタンを通じて番組に参加し，番組内容に介在でき，コメンテーターになったり，登場人物になったりすることのできるテレビである。それは単にテレビ局とインタラクションするだけではなく，住民同士のインタラクション，それも1対1ではなく，広くオープンな形でのインタラクションを進めることができる。

　この「インタラクティブ・テレビ」をコミュニティ情報の主要なメディアとして利用することによって，「**コミュニティ・インタラクティブ・テレビ**」として，新しいコミュニティ・コミュニケーションを展開する可能性が生まれてくることになろう。

　コミュニティ・メディアは，今後，コミュニティとのかかわりを強化し，身近な情報や地域の情報など，コミュニティ情報をきめ細かに提供するとともに，住民とのかかわりにおいて，情報提供や番組参加，そして企画・制作などの住民参加を一層推進することによって，コミュニティ・コミュニケーションを活発化することが期待されるものとなっている。

| コミュニティ・メディアは曲がり角にある |

　他方，コミュニティ・メディアは解決されるべき多くの問題を抱えており，将来を楽観的に語ることが必ずしもできない状況にあり，むしろ，現在，大きな曲がり角にあるといえる。

第1に、コミュニティ・メディアの多くが収入が少なく、人件費や物件費がかかり、人手が不足している。CATVにおいては、加入者や広告収入が少なく、また番組制作費、人件費、物件費が多くかかっている。また、コミュニティFM放送の場合も広告収入が少なく、また、人件費がかかり、視聴者数が少なく、そして、番組制作費や物件費が多くかかっている状態である。

　第2に、わが国におけるCATVは難視聴対策としてスタートしたこともあって、現在のところ、再送信業務を主な仕事とし、マス・メディアとしての機能を多く果たしている。こんにち、多チャンネル化が進み、チャンネル数が100を超えるものも多くなり、「ケーブルテレビ足立」（東京都足立区）のように、260チャンネル（2009（平成21）年現在）を有するCATVも存している。チャンネル数が多くなれば番組内容が多様化し、視聴者の選択に幅が大きく広げられることになるが、地域情報の提供を軽視していく傾向が強まり、コミュニティ・メディアとしての性格を失っていくおそれも存している。そして、地元事業者要件の廃止、サービス区域制限の緩和、外資規制の緩和・撤廃、電気通信事業者の参入などの規制緩和もこの傾向を促進するようになっている。

　第3に、コミュニティ・メディアは住民参加・参画が可能なメディアである。しかし、現状では、人々のCATVへの参加経験の多くは画面に出たり、インタビューを受けたり、取材されたりする程度である。そして、「パブリック・アクセス・チャンネル」を設けているCATVは少数ケースとなっている。

　コミュニティFM放送においては、住民参加は比較的多くなされているが、一般住民の場合は番組参加や情報提供、また、インタビューや投書・電話が多く、番組へのかかわりはきわめて消

極的となっている。

また、CATVは双方向機能を有することによってホームショッピング、バンキング、ヘルスケア、インストラクション、セキュリティ、リザベーションなど、多目的利用が可能となっている。そして、放送のデジタル化、放送と通信の融合化によって、放送サービスばかりではなく、電話サービス、そしてインターネット接続サービスをも行うものとして強く期待されている。CATVは今後どのような方向に進んでいくべきか、いくつかの選択を迫られている。

3 災害情報メディアと災害情報コミュニケーション

> 災害時のメディアの役割は大きい

こんにち、災害時における情報の果たす役割が大きくクローズ・アップされている。**正確にして迅速、そして有効な情報は多くの人命を救い、また物的被害を最小限にとどめ、また人々の不安や混乱を取り除くのに役立つ。**

このような災害情報には注意報・警報、予報・予知情報、災害発生情報、被害情報、避難情報、避難準備情報、安否情報、救護・救援情報、そして復旧情報などがあり、こんにち、避難準備情報、安否情報、復旧情報の必要性が高まっている。

災害情報の伝達の主なメディアとして、広報車、同報無線、電話、広報・回覧板、移動無線、ファクスがある。また、テレビ、新聞、掲示、有線放送、携帯電話、CATV、コミュニティFM放送、インターネットなども重要である。とりわけ、最近では、

コミュニティ・メディアの存在が脚光を浴びつつある。

　阪神・淡路大震災において，マス・メディアや各種の公的なチャンネルが機能障害に陥り，情報の伝達が不可能となった中で，コミュニティ・メディアは人々に安否情報や生活情報，そして復旧情報を多く提供し，被災者や関係者から高い評価を受けている。

　また，マス・メディアがその広域性のゆえに具体的な個別情報に乏しく，適切性を有しない場合も少なくなく，その情報内容も被害状況の報道に力点が置かれ，人々が必要とする情報が多く提供されていない。これに対して，コミュニティ・メディアは地域の実情に合った，きめ細かな情報を提供し，災害現場にいる人々に必要な情報を臨機応変に提供することができる。CATVとコミュニティFM放送は，こんにち，このような災害情報メディアとして重視されてきている。

　1978（昭和53）年の伊豆大島近海地震のとき，静岡県東伊豆町の「東伊豆有線テレビ」は1カ月の長きにわたって，余震の注意，被害の状況，水道・ガス・温泉の状態，道路・通信・船・バス・電車の状態，学校や幼稚園の休み，救援物資，デマの防止などの情報をきめ細かに伝達している。

　岩手県一関市にある「一関ケーブルネットワーク」は災害情報提供のために，「北上川水防情報システム」の中心メディアとして，北上川の水位・雨量の状況を敏速に伝達する役割を果たしている。1986（昭和61）年，1987（昭和62）年，1988（昭和63）年の集中豪雨のときに昼夜24時間の放送により，北上川の水位や雨量の情報を住民にすばやく伝達している。

　1998（平成10）年の全国のCATV施設に対する調査によると，CATVが災害情報として重点を置くものとしては災害発生情報

図6-5 重点を置く災害情報

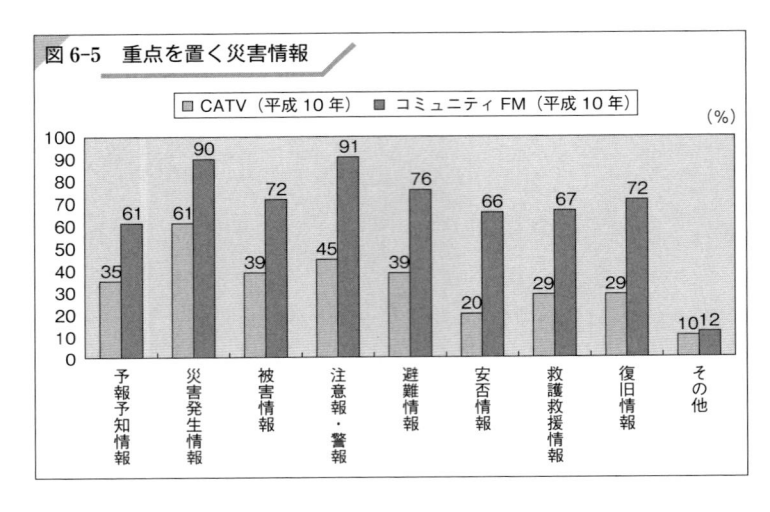

□ CATV（平成10年）　■ コミュニティFM（平成10年）

項目	CATV	コミュニティFM
予報予知情報	35	61
災害発生情報	61	90
被害情報	39	72
注意報・警報	45	91
避難情報	39	76
安否情報	20	66
救護救援情報	29	67
復旧情報	29	72
その他	10	12

が最も多く，注意報・警報がついで多く，また避難情報と被害情報も多くなっている。コミュニティFM放送も災害情報として注意報・警報と災害発生情報に重点を置き，ついで避難情報，被害情報，復旧情報も重視している（➡図6-5）。

新潟県長岡市にある「FMながおか」は「災害に強い街と地域コミュニティを作る地域密着の放送局」として，災害情報の提供に力を入れている。2004（平成16）年10月の中越大震災発生時に「中越地方を中心に大きな地震がありました」の第一声から始まり，街の様子，避難勧告，避難難所，ライフライン，学校・幼稚園，ガソリンスタンド，スーパーなどの情報，また，道路・交通，ゴミ収集，生活用品，健康管理，あるいは，減免措置や相談窓口紹介などの情報を提供した。そして，災害発生3日後に「臨時災害放送局」として，災害・生活関連情報，地震災害放送，在住外国人のための地震災害多言語放送を精力的に行った。

このように，CATVやコミュニティFM放送は災害情報の提

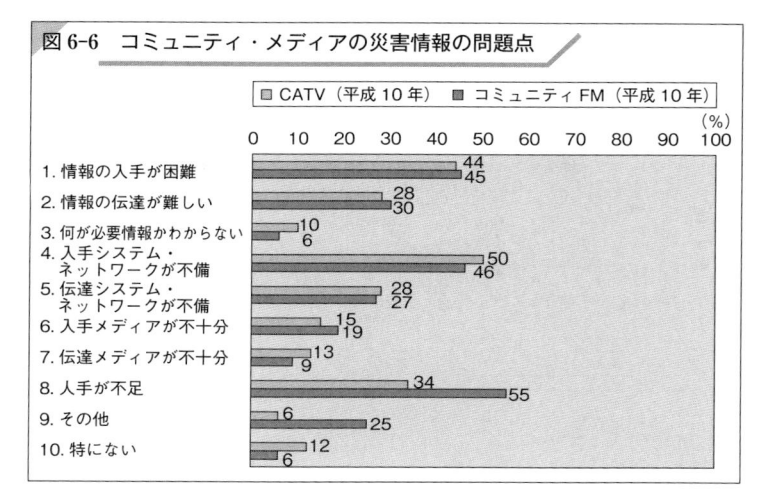

図6-6 コミュニティ・メディアの災害情報の問題点

凡例: CATV（平成10年） / コミュニティFM（平成10年）

項目	CATV (%)	コミュニティFM (%)
1. 情報の入手が困難	44	45
2. 情報の伝達が難しい	28	30
3. 何が必要情報かわからない	10	6
4. 入手システム・ネットワークが不備	50	46
5. 伝達システム・ネットワークが不備	28	27
6. 入手メディアが不十分	15	19
7. 伝達メディアが不十分	13	9
8. 人手が不足	34	55
9. その他	6	25
10. 特にない	12	6

供においてきわめて効果的なメディアとなっており，今後も，いっそう有効な活躍が期待される。しかしまた，現在のところ，その機能が十分に生かされているとはいいがたい。CATVの場合は情報の入手システム・ネットワークの不備が問題として多くあげられ，また，情報の入手が困難なことも問題とされている。コミュニティFM放送の場合は人手が不足の問題があげられ，また，入手システム・ネットワークの不備や情報の入手が困難なことも多くあげられている（➡図6-6）。

> 災害コミュニケーションは変化・変容する過程である

　災害情報の伝達ルートには市役所・役場，消防，警察などの公的機関ルートがあり，テレビ，ラジオ，新聞などのマス・メディア・ルートがあり，また，CATV，コミュニティFM放送などのコミュニティ・メディアルートがある。さらには，町内会，自治会，自主防災組織などの住民組織，農林漁業商工業組織・団

図 6-7　災害情報の伝達ルート

災害情報		
→ 公的機関ルート	市役所・役場，消防，警察など	→ 住民
→ マス・メディア・ルート	テレビ，ラジオ，新聞など	
→ コミュニティ・メディア・ルート	CATV，コミュニティ FM 放送など	
→ 組織・団体ルート	町内会，自治会，自主防災組織などの住民組織，農林漁業・商工業団体など	
→ 個人ルート	家族，親戚，友人，近所など	

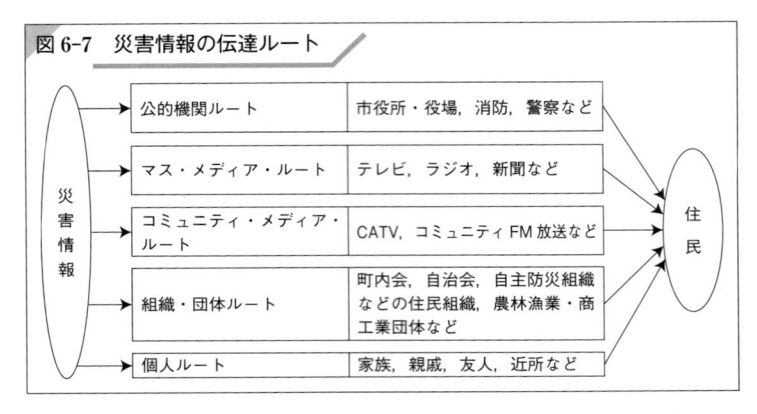

体ルートがあり，そして，家族，親戚，友人，近所などの個人ルートなどがある（➡図 6-7）。

災害情報は迅速，正確に伝達されることによって，人的，物的被害を最小限に抑えることができる。けれどもまた，災害時においては情報伝達の正確さを確保することが難しく，情報の錯綜がしばしば引き起こされている。災害情報は送り手から受け手に一方的に流され，受け手はそれに単純に反応して（避難）行動をするものでは必ずしもない。受け手は情報を選択し，解釈し，修正・変更し，再構成している。

災害情報は何よりも人々の関心，行為の方向，準拠枠，またその心理的状態によって解釈される。とりわけ，人々が持つ「**正常視バイアス**」が大きな役割を果たす。「正常視バイアス」とは，人々が事態を異常とは受け取らない心理的傾向を指し，それによって情報が疑問視され，軽視され，否定されてしまうようになる。

そしてまた，災害情報は「**災害文化**」によって解釈される。「災害文化」はこれまでの災害経験に基づいて作られた，コミュニティにおける言い伝えからなっている。津波に関する「災害文

化」には,「大きな地震の後には津波が起こる」「大きな地震がきたらすぐ逃げよ」「津波のときには高台に避難せよ」「津波の時はてんでんこ(津波の時は家族皆一緒ではなく,皆てんでんばらばらに一刻も早く,歩いて高台に一直線に)」というようなことが含まれている。

1983(昭和58)年の日本海中部地震のときに波が大きく引いたので,人々は魚をとりに沖に向かい,津波の犠牲になってしまった。「日本海沿岸では津波は起こらない」という言い伝えがあったからだともいわれている。これに対して,1906(明治39)年と

★災害情報に関する調査
(1) 災害時におけるCATVの課題
調査項目:設立時期・理由,地域社会との関連,住民とのつながり,重点を置く災害情報,復旧情報,災害情報の入手先,災害情報の問題点,今後力を入れたいこと
調査方法:調査票の郵送によるアンケート調査
調査期間:平成10(1998)年10月〜11月
調査対象:全国のCATV施設337
回収数(回収率%):176(52.2%)
船津 衛『災害時におけるCATVの課題』(平成10年度文部省科学研究費報告書)平成10年12月,参照。
(2) 災害時におけるコミュニティFM放送の課題
調査項目:設立時期・理由,地域社会との関連,住民とのつながり,重点を置く災害情報,復旧情報,災害情報の入手先,災害情報の問題点,今後力を入れたいこと
調査方法:調査票の郵送によるアンケート調査
調査期間:平成10(1998)年8月〜9月
調査対象:全国のコミュニティFM放送局103
回収数(回収率%):67(65.0%)
船津 衛『災害時におけるコミュニティFM放送の課題』(平成10年度文部省科学研究費報告書)平成10年12月,参照。

1918（大正7）年の大津波，そして1959（昭和34）年のチリ地震津波と津波を多く経験している三陸海岸地方では，「地震がきたら，すぐ高台に避難すべきだ」という「災害文化」が存在している。このような「災害文化」によって，被害を防止し，回避し，縮小することが可能となる。しかしまた，逆に，被害を拡大することもあり，チリ地震津波のときには，地震がなくても津波がやってきたことによって，思わぬ被害を受けたことがある。

　災害のコミュニケーションは単なる伝達過程からなっているのではなく，内容において変化・変容する**ダイナミックなプロセス**となっている。災害のコミュニケーションは一方通行ではなく，双方向である。情報は送り手から受け手に送られるだけではなく，受け手から送り手に疑念や意見というような形で送られてくる。そこにおいて，**新たな情報が創造され，新しい意味の共有と共通の状況規定が生じ，それに基づいて共同行為が展開され，問題解決的行為が生み出されるようになる**。災害のコミュニケーションは住民の共同的産物であるといえる。

Reference 参考文献

金山智子編［2007］,『コミュニティ・メディア』慶應義塾大学出版会。

竹内郁郎・児島和人・橋元良明編［2005］,『メディア・コミュニケーション論』(1)(2) 北樹出版。

竹内郁郎・田村紀雄編［1989］,『新版・地域メディア』日本評論社。

田村紀雄・白水繁彦編［2007］,『現代地域メディア論』日本評論社。

津田正夫・平塚千尋編［2006］,『新版・パブリック・アクセスを学ぶ人のために』世界思想社。

橋元良明編［2008］,『メディア・コミュニケーション学』大修館書店。

林茂樹編［2006］,『地域メディアの新展開』中央大学出版部。

林茂樹ほか編［2009］,『ネットワーク化・地域情報化とローカルメディア』ハーベスト社。

船津衛［1994］,『地域情報と地域メディア』恒星社厚生閣。

船津衛［2006］,『コミュニケーションと社会心理』北樹出版。

船津衛編［1999］,『地域情報と社会心理』北樹出版。

第7章 集合行動・社会運動のコミュニケーション

応援するJリーグのサポーター

（毎日新聞社提供）

1 群衆・公衆のコミュニケーション

> **群衆は非合理的か**

群衆とは,街頭や広場,また劇場や球場などに一時的に集合した人々の集まりをさす。人々には,火事,交通事故,催し物,映画,コンサート,スポーツなど,共通の関心事がある。しかし,人々は互いに前から知り合っているわけではない。むしろ,その場ではじめて出会ったのであり,したがって,他の人々についてあまり知識を持っていないのがふつうである。

群衆においては,持続した社会関係や確固とした組織,地位・役割の体系は存在していない。また,互いの行動を規制する規範や価値も生まれていない。人々は強固なつながりを持っておらず,むしろ,互いに結びつきのないバラバラな状態に置かれている。そして,その数はときに大きくふくれ上がったり,ときにまったく消え去ってしまうこともある。

しかし,いったん何か異常な出来事が起こると,群衆はそれ自体大きな力を発揮する。出来事や目標に向けて関心が集中され,一定の感情が盛り上がり,出来事や目標に向かって行動が一斉に引き起こされる。

たとえば,事件の加害者に対して非難の声が高まり,嫌悪や憎悪の感情が強まり,その人間に対して皆で暴行を加えるようになる。また,突然に火事が発生したために,1つの出口に向かって全員が殺到し,ケガ人が続出してしまう。あるいは,審判の判定やプレイヤーの不正に怒った人々がグラウンドになだれ込み,審

判やプレイヤーに大勢で殴りかかったり，またファン同士で殴り合いをはじめるようになる。群衆は感情的に興奮して，暴力行為や破壊行動をしばしば引き起こす。

群衆は合理的であるよりも**非合理的**であり，理性的であるよりも**感情的**であるといわれる。また，それは知的であるよりも**非知的**であり，主体的であるよりも**受け身的**であるといわれる。そしてまた，群衆は個性的であるよりも**画一的**であり，建設的であるよりも**破壊的**であるとされる。

フランスの社会心理学者G.ル・ボン★によると，群衆は衝動的，軽信的，激昂（げっこう）的，偏狭的，権威主義的である。ル・ボンにおいて，群衆とは孤立した個人の集合を表す。そして，その集合は無意識的現象として特徴づけられている。群衆の中の個人は意識的個性を消滅させ，無意識的特性を優越させてしまう。そして，群衆は暗示と感染によって感情や観念を同一方向に転換させる。さらにまた，暗示された観念をただちに行為に移そうとする傾向を有している。

このような群衆は理性や推理力，判断力を持たず，批判精神を欠いている。個人は群衆に加わったということだけで，その知的水準を著しく低下させてしまう。群衆の中の個人の思考は単純なものとなり，その想像力は貧弱なものとなる。ル・ボンによれば，群衆は知恵の集まりではなく，「凡庸さを積み重ねた」だけの存在である。

★ル・ボン
Le Bon, G.（1841-1931） フランスの社会心理学者。群衆に関して鋭い考察を行った。それは社会心理学の事実上の出発点となったといわれている。著書に『群衆心理』（1895）がある。

そして，群衆は何よりも**非合理的で感情的な存在**である。その行動は理性ではなく，感情によって支配される。彼らは感情に押し流されて行動する。群衆は衝動的で，動揺しやすく，興奮しやすい。群衆は刺激しだいでは寛大にも残酷にも，勇壮にも臆病にもなる（ル・ボン［1993］）。

暗示と感染からなる

ル・ボンによると，群衆がこのような性質を有するのは，個人が集合の中に入ることで不可抗力的な力を感じるようになるからである。集合の中において，ひとは自己を抑制する責任観念が消え失せて，本能のままに任せるようになってしまう。

群衆は暗示や感染を受けやすくなっている。群衆は一度暗示を与えられると，それに大きく影響される。そして感染によって，他の人々にただちに広げられていく。**群衆のコミュニケーションは暗示と感染からなっている。**

暗示によって，群衆はあたかも催眠術師の掌中にある人間と同じ状態に陥る。彼は感情や思考を催眠術師の命じる方向に向けてしまう。群衆の中の個人はもはや自分自身ではなく，自分の意志で自分を動かすことのない自動人形となってしまう。

そして，このような状態は**感染**作用によって，他の人間にも伝わっていく。感染は人々の無意識的感情によって進められる。感染によって同一の意見，同一の信念が多数の人々の間に広がっていく。その結果，人々においては画一的な行動，それも建設的であるよりも破壊的行動が引き起こされることになる。

群衆は，ル・ボンの指摘によれば，合理的・理性的・主体的な個人が集合化することによって生じる。集合化によって個人は非

合理的・非理性的・没主体的存在となってしまう。群衆は知的,道徳的に低劣となり,感情的で,しかも操られやすい危険な存在となる。

群衆は,暗示と感染というコミュニケーションによって,同一の思考・感情を広く共有していく。しかし,群衆の思考・感情はあらゆるもののなかでもっとも誤っており,その多くは個人の錯覚にすぎないものである。その結果,社会はきわめて危機的状態となる。ル・ボンはこのように警告する(ル・ボン[1993])。

> 公衆は「精神的な集合体」である

他方,フランスの社会学者J.G.タルド★によると,群衆はすでに過去のものであり,**現代は公衆の時代**となっている。タルドによると,**公衆**とは分散した群衆である。公衆は肉体的には分離し,心理的にだけ結合している個人の集まりである。

タルドによると,群衆は肉体的接触から生まれた心理的伝染の束からなっている。そして,群衆は自然のままの集団であり,自然条件に左右されやすい。群衆は晴雨寒暑に支配され,「太陽は群衆によく効く強壮剤」となっている。これに対して,公衆は「物理的な環境や季節,さらには気候の変化や急変にさえも,少しも左右されない」(タルド[1964])。

そして,群衆は知性においてその成員の平均的水準よりも劣っている。彼らは移り気で,忘れっぽく,だまされやすく,残忍で

★タルド
Tarde, J. G. (1843-1904) フランスの社会学者。社会は模倣からなっているとして「模倣の法則」を主張した。著書に『模倣の法則』(1890),『世論と群衆』(1901)などがある。

1 群衆・公衆のコミュニケーション

ある。他方，公衆は意識的，理性的，そして個性的である。公衆は，個性を貫き通す便宜が多く与えられ，独創的見解の普及のチャンスが広く提供されている。公衆の行動は，群衆の行動よりも知的で，視野が広く，はるかに生産的である。したがって，すべての集団が公衆に変形するようになれば，世界は知的になっていく。

公衆は，群衆のように，まったくバラバラな存在ではない。公衆は思考や感情を互いに分かち合っていることをみずから意識している。公衆は互いに直接的な接触を持っていないけれども，心理的には結びついている「精神的な集合体」である。

「会話」と「新聞」でつながる

公衆の心理的なつながりを可能とさせるのが，タルドによると，「会話」と「新聞」である。「会話」によって，相互に与え合う自覚的な注意が最高に達し，ほかのどんな社会関係よりも，人々は「無限の奥深くまで」相互浸透し合うようになる。会話するとき，「人々は会話のおかげで，抗しがたい，しかも無意識の動作で，互いに意志を伝えあう」。それゆえ，会話は感情や思想や行動様式を伝播するもっとも有力な動因となる。

そして，「会話がなかったら世論はない」といわれるように，会話は世論の重要な伝達路となっている。世論が停滞し，ほとんど動かぬところでは，会話も不活発で，狭い範囲のおしゃべりに限定されている。これに対して，世論が激動し，右から左へと大きくゆれ動くようなところでは，「会話」が盛んで，大胆で，解放されている。

そして，この「会話」は「新聞」によって活性化される。「新聞」は「会話」を空間的には統一化し，時間的には多様化させる。

「毎朝の新聞がその日1日の会話を公衆に提供する。しかも話題は毎日毎週変わる。……地域が拡大する一方で，そこでおこなわれる会話は類似性を増していく。……また時間につれて会話内容の変化が増大していく」。タルドによると，群衆の公衆化には成員の間に規則的コミュニケーションが必要である。それによって合理的・理性的な会話が広範に可能となり，人々は知的，生産的になっていく。その場合のコミュニケーションとは，**「新聞」に媒介された間接的コミュニケーション**である。

タルドの場合に「新聞」とされているものは，こんにちでは，新聞に限らず，テレビ，ラジオ，雑誌などのマスメディアに当たる。それらは公衆のコミュニケーションの主要なメディアとなっている。

このような群衆や公衆のあり方に関するル・ボンとタルドの見解は，これまで，群衆・公衆の理解の主要なモデルとなってきている。彼らの見解において，群衆や公衆の実態を把握する枠組みが示されているといわれる。しかし，このようなモデルや枠組みは群衆・公衆の全体をとらえるのに不十分で，歪んだものとなっている。それらはむしろ，歴史の舞台に新しく登場してきた人々の動きを無視する保守的・貴族主義的見解である。

ル・ボンとタルドは個人の行動の合理性を重視し，それに対して集団行動の非合理性を過度に強調した結果，集団の合理性を見ることがない。たしかに，人々が集合化することによって非合理的行動が引き起こされることも事実である。しかし，集団における相互の批判と討論というコミュニケーションを通じて，新たな合理的な行動が展開する可能性も存在している。

また，ル・ボンとタルドにおいて，コミュニケーションのあり

方についても十分な理解がなされていない。人間のコミュニケーションは、動物行動と同じように、刺激 - 反応として行われるのではなく、その間にそれぞれの**人間の解釈**が介在している。解釈によって、同一刺激に対してさまざまな反応が生まれ、これまで存在しなかった新しい行動が生じる。とりわけ、人間が問題的状況に直面した場合、状況を乗り越える創造的行為が展開されるようになる。群衆がいつまでも凡庸であるわけではなく、群衆においても知的活動が活発化するようになる。

　タルドの場合、新聞は読者を勝手気ままに選び出すことができるとされ、新聞の一方通行のコミュニケーションが強調されている。しかし、公衆のフィードバックのコミュニケーションはまったく無視されている。タルドにおいては、コミュニケーション過程について一面的な把握にとどまっており、**双方向のコミュニケーション**のあり方が少しも考慮に入れられていないのである。

2　うわさのコミュニケーション

うわさは広がる

　かつて、学校のうわさが話題となり、学校の怪談が映画化されるほどであった。学校の女子トイレや理科室、音楽室、美術室などの特別教室において、そこにいないはずの人の声がしたり、「花子さーん」と声をかけると「はーい」という返事が返ってきたり、またピアノの音がするというようなうわさである（常光［1993］）。このようなうわさは、実際、しばしば聞かれ、多くの人々に伝えられ、生徒たちに恐怖心をもたらしていることも少なくない。

うわさは，その多くが自然発生的なものである。しかしまた，意図的に作られたものも存在している。そして，その内容は一般にインフォーマルなものとか，非合理的・非科学的なものが多い。しかし，それは関係する人々にとって重要な意味を持っている。そして，その内容の多くは根も葉もない事柄であるとされる。けれども，事実に関するものもある。もちろん，事実についての間違った情報が多いが，間違っていない場合も存在している。むしろ，その真偽がはっきりせず，あいまいであるのがふつうである。

　アメリカの社会心理学者G. W. オールポート★らによると，「流言が流布する量は，それに関係する人々にとっての問題の重要性と，その論点に関する証拠のあいまいさの積に比例する」（オールポートほか［1952］）ということである。

　有名なうわさとして「**オルレアンのうわさ**」がある。それは1969年5月，フランスの地方都市オルレアンで，ユダヤ人の経営するブティックの試着室から何人もの女性が誘拐されたというものである。若い女性が麻酔薬を打たれ，地下室に移され，夜に外国に売り飛ばされるといううわさは，警察に行方不明の届け出が何もないのに，人々によって本当のことと信じられた。このうわさは，新聞もラジオもテレビも報道しなかったのに，人々の口から耳へ急速に広がっていった。しかも，その広がりの過程で，誘拐された女性の数やブティックの数が増えていったのである。

★オールポート

Allport, G. W.（1897-1967）　アメリカの社会心理学者。パーソナリティや社会心理の研究に多くの業績を残している。著書に『パーソナリティ』（1937），『デマの心理学』（1947），『偏見の心理』（1958）などがある。

フランスの社会学者 E. モラン★の分析によると,「オルレアンのうわさ」は,「危機状況」から生まれた。それは, 1つに, 平穏な社会生活に, 突然, 裂け目が生じ, 秘密の, 未知の現実が入り込んできたこと, 2つに, 社会構造の解体が始まったこと, 3つに, 市当局がかかわることによって, 再構造化の過程が進められたこと, 4つに, 引き起こされたことに対して心理的に抑圧する過程が開始されたことから生み出された（モラン[1973]）。

　このように, 人々の現在の状態が変化させられたり, 既得の権利や地位が侵されたり, また不安, 恐怖, 危機, 孤独に陥れられたときに, うわさが発生する。うわさは, これまでの行為がそのままでは進行不可能になる問題的状況において生み出されてくる。そして, このような問題的状況に人々がうまく適応するために, あるいはそれに反抗するために, うわさが形成される。また, うわさは権威と権力に対して抵抗するために, 侵される恐れのある既得権の確保や自己防衛のために, 生み出される。

　また, うわさは不安や孤独から逃れるために, あるいは相互援助のために発生する。あるいは, 人々が抑圧された衝動や感情の発散, 不満や不安のカタルシスとして, 好奇心やあこがれ, また変身願望の実現としてうわさが生まれる。

うわさは活用される

　このようなうわさの発生は, 必ずしも病理的現象ではない。アメリカの社会学者

★モラン

Morin, E.（1921- ）　フランスの社会学者。うわさやコミュニケーションについて現実との関連において具体的に解明した。著書に『映画』(1956),『オルレアンのうわさ』(1969) などがある。

T. シブタニ★の指摘するように，うわさは「新しい環境に対処する際に人々がいっそう適切な方法を発達させていく過程の不可欠な要素」（シブタニ［1985］）である。

シブタニによれば，一般に信じられているのとは異なり，災害時においては，人々はパニック状態に陥って逃走したり，呆然自失状態でまったく動けなくなってしまうこともない。むしろ，災害時の一般的な反応は「臨機応変の自律的行動と相互的援助」なのである。そして，その場合，**うわさが活用される**ことになる。

うわさは，多くの場合，公的コミュニケーションの空白状態において発生する。自然災害のときのように，公的情報が欠如したり，公的チャンネルが機能しない場合に，うわさが生まれる。うわさはまた，マス・メディアの報道が十分に行われず，断片化した情報しか提供されない場合に，しばしば発生する。シブタニによれば，変化していく状況に適応するために情報が必要であるにもかかわらず，制度的チャンネルが破壊されている場合に，うわさが生み出される。

また，うわさは情報が多すぎる場合にも発生する。そして，公的情報やマス・メディアの情報にズレや矛盾が存在したときにも生み出される。あまりにも情報が多かったり，情報内容がそれぞれ異なっている場合には人々はどれが正しい情報かを判断できず，その選択に困難を感じる。そのような場合にもうわさが生じる。

★シブタニ

Shibutani, T.（1920-2004） アメリカの社会学者。準拠集団，流言，パーソナリティ，エスニシティの研究者。著書に『社会とパーソナリティ』(1961)，『流言と社会』(1966)，『エスニック・ストラティフィケーション』(1963) などがある。

うわさは，人々が変化する状況に適応するのに必要な情報と公式のコミュニケーション・メディアが提供する情報との間に格差が存在する場合に形成される。つまり，「公衆の情報欲求が制度的チャンネルを通じて手に入る供給量を上回った場合，流言は発生しやすくなる」（シブタニ [1985]）。

　<u>うわさは情報の空白を埋める</u>　このように，うわさは人々にとって必要な情報が存在しない場合に，その**情報の空白を埋めようとして行われる**人々のコミュニケーション活動である。人々がうわさに基づいて行為するのは，それを信用しているからではなく，それを必要としているからである。

　うわさが発生するのは，問題的状況に置かれた人々が自分たちの知的資源を動員して，状況の意味を解釈しようとするからである。目の前の状況が従来の枠組みからでは説明できないとか，これまでのやり方では行動できないときに，うわさが発生する。うわさは人々における情報要求の高まりによって生み出され，状況を新たに解釈し，規定するために用いられる。うわさは問題解決に必要な準拠枠となる。

　したがって，問題的状況においては，情報のチャンネルはマス・メディアによるものとパーソナル・メディアによるものが併存することもありうる。人々にとって，マス・メディアが唯一のものではない。パーソナル・メディアによってインターパーソナル・コミュニケーションが展開され，そこからうわさが生み出されてくる。現実の人々のコミュニケーションは，このような二重構造となっている。

そして，うわさは，マス・コミュニケーションとは異なる，もうひとつのコミュニケーションを展開させる。それは**身近な人々とのパーソナルなコミュニケーション**である。うわさは，問題的状況に対処しようとする人々が積極的に展開するパーソナル・コミュニケーションを形づくっている。

うわさは中継者が支える

　うわさは，多くの場合，その出自・出所が不明である。情報源があいまいであり，それを誰と特定できないものが多い。うわさは「……を聞いた」とか「……と言っている」という間接的表現でもって伝えられる。そして，うわさは人から人に口頭で伝えられるメッセージである。

　しかも，うわさが伝えられるのは決して未知の人からではなく，友だち，親，兄弟，近所の人，職場の同僚などの知り合いからである。「オルレアンのうわさ」は仲のよい友だちの間から，教師，両親，職場の仲間，そして男たちへと伝えられていったという。うわさは人々の個人的関係の中で伝播する。**うわさを支えているのは，うわさの発生源ではなく，うわさを他の人に伝達する中継者たちである**。

　そして，このうわさの中継者は，何よりも本人がそれを本当だと信じており，しかも他の人にはそれを信じてもらうように説得する。彼は自分が知っていること，そして語ることにおいて，仲間に対して自己の優位な地位を確保できる。したがって，うわさを伝えることにきわめて熱心となる。

　そして，うわさは急速に拡大する。「うわさが飛ぶ」とか「うわさが走る」と言われるように，人から人に，町から町へ，隣の

図 7-1 災害情報の変化

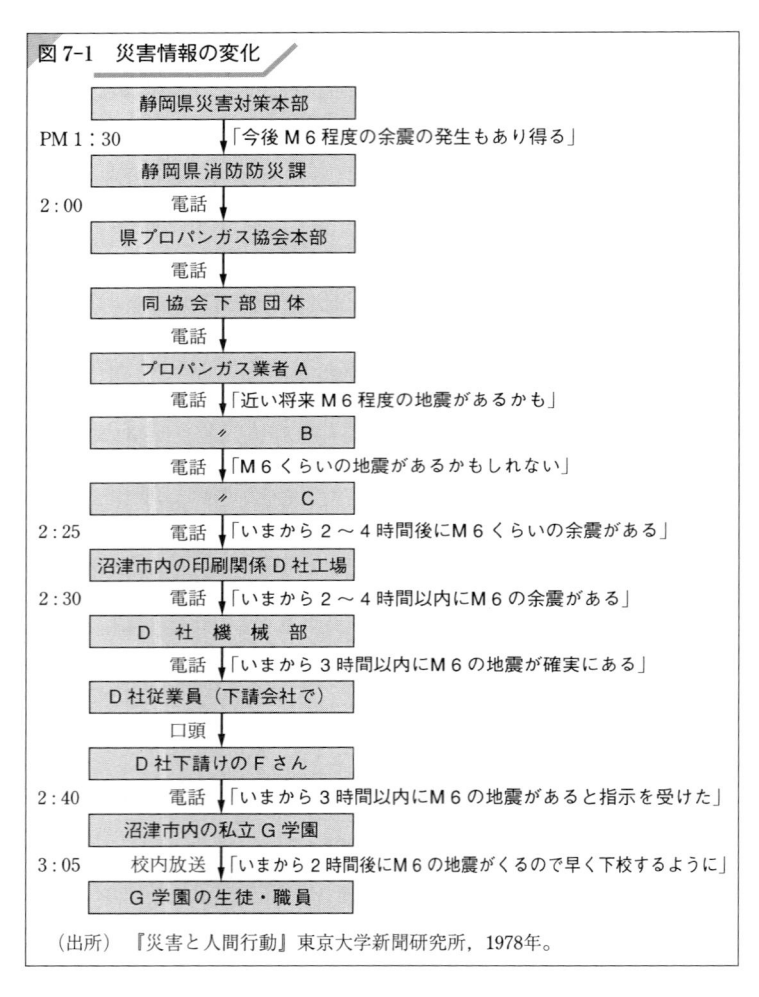

```
                    ┌─────────────────────┐
                    │  静岡県災害対策本部  │
PM 1:30             └─────────────────────┘
                       ↓「今後M6程度の余震の発生もあり得る」
                    ┌─────────────────────┐
                    │   静岡県消防防災課   │
2:00                └─────────────────────┘
                    電話 ↓
                    ┌─────────────────────┐
                    │  県プロパンガス協会本部  │
                    └─────────────────────┘
                    電話 ↓
                    ┌─────────────────────┐
                    │    同協会下部団体    │
                    └─────────────────────┘
                    電話 ↓
                    ┌─────────────────────┐
                    │   プロパンガス業者A   │
                    └─────────────────────┘
                    電話 ↓「近い将来M6程度の地震があるかも」
                    ┌─────────────────────┐
                    │        〃 B        │
                    └─────────────────────┘
                    電話 ↓「M6くらいの地震があるかもしれない」
                    ┌─────────────────────┐
                    │        〃 C        │
                    └─────────────────────┘
2:25                電話 ↓「いまから2～4時間後にM6くらいの余震がある」
                    ┌─────────────────────┐
                    │ 沼津市内の印刷関係D社工場 │
                    └─────────────────────┘
2:30                電話 ↓「いまから2～4時間以内にM6の余震がある」
                    ┌─────────────────────┐
                    │     D 社 機 械 部     │
                    └─────────────────────┘
                    電話 ↓「いまから3時間以内にM6の地震が確実にある」
                    ┌─────────────────────┐
                    │  D社従業員（下請会社で）  │
                    └─────────────────────┘
                    口頭 ↓
                    ┌─────────────────────┐
                    │   D社下請けのFさん   │
                    └─────────────────────┘
2:40                電話 ↓「いまから3時間以内にM6の地震があると指示を受けた」
                    ┌─────────────────────┐
                    │  沼津市内の私立G学園  │
                    └─────────────────────┘
3:05                校内放送 ↓「いまから2時間後にM6の地震がくるので早く下校するように」
                    ┌─────────────────────┐
                    │    G学園の生徒・職員    │
                    └─────────────────────┘
```

（出所）『災害と人間行動』東京大学新聞研究所，1978年。

地方に，口コミで，また，しばしば電話やインターネットを通じて広がっていく。ときに，うわさは全国的規模に広がることもある。その際パーソナルなものだけではなく，マスコミによる拡大もある。さらに，マスコミによって内容が増幅されることもある。

しかし，うわさは，何よりも，声によって伝達されるものであって，文字によるものではない。したがって，そこでは情報内容が変容することは避けがたい。うわさは伝達過程において歪みや誇張などが生じる。オールポートらによると，情報の伝達過程において，情報がより短く，簡潔に，平易になる「平均化」が生じたり，情報が選択的に知覚され，想起されて，ある部分が「強調」されたり，情報が伝達者の先入観や関心に整合的になっていく「同化」がなされる。その結果，内容が変化してしまう。

　にもかかわらず，うわさは本当であると信じられ，人々の現実の行動を引き起こしていく。その結果，**うわさが真実となる**場合も生じる。銀行や信用金庫の経営が危ないといううわさによって，多くの人々が預金を下ろしてしまい，実際に銀行が破産の危機に追い詰められた。米不足やトイレットペーパーの不足といううわさが，人々をスーパーに走らせ，その結果，実際に店頭から米やトイレットペーパーがなくなってしまった。

　けれども，うわさの内容の変化がつねに歪曲化をもたらすわけではない。うわさは人々が**理解と合意**を獲得しようとする過程である。人々は自分が聞いたことの意味を考え，それを自分自身のパースペクティブの中に位置づけ，それによって状況に対する自分の方向づけを行うのである。つまり，うわさはあらかじめ決まっている情報のたんなる伝達ではなく，むしろ，人々が**状況を規定する過程**なのである。したがって，それはつねに再構成され，新たに作り上げられていく。

　災害時には，多くの人々は自分の批判能力を保持しようと努める。そして手に入れた情報を，状況を知ることのできる人々の意見に照らして可能なかぎりチェックしようとする。うわさは選

択・淘汰されることになる。

　人々は状況の変化に対応して状況の規定・解釈を行っている。情報を現在の中に位置づけ，過去と照らし合わせ，将来において持つ意味を考える。つまり，うわさは，シブタニのいうように，「あいまいな状況にともに巻き込まれた人々が，自分たちの知識を寄せあつめることによって，その状況についての有意味な解釈を行おうとするコミュニケーション」（シブタニ[1985]）である。

　このようなうわさは，多くの場合，公的機関やマスコミが否認することによって終結する。その内容を批判したり，否定したり，また反ばくしたり，矛盾をついたり，代替イメージや事実を提示したりすることによって，多くのうわさは打ち消される。そして，うわさの発生状況が問題的でなくなったり，合意の形成がなされたときに，うわさは消滅する。しかし，公的情報が信頼されていない場合は，うわさはなお継続し，またかえって強化されることもある。そして，内容が分散したり，変形しながら，うわさが受け継がれていくこともある。

　うわさは，最初は真実であったものが途中で変容させられたというものではない。また，うわさは，つねに，終結点でウソとなり有害になるとはかぎらない。うわさは人々のコミュニケーションのあり方の1つである。うわさは問題的状況に直面した人々がその状況に対してうまく対応するために，できるかぎりの知識を集めようとしたときに現れる。うわさは人々が状況を解釈するために必要とされる情報であり，人々の認知活動と伝達活動を行わせ，人々の行動を導くコミュニケーション活動となっている。

　うわさが問題解決に大いに役立つ場合もある。また，これまで知られなかった事柄を明らかにし，新しい意味を生み出し，新た

Material ⑮

　地震直後のさまざまな修羅場に関する噂。火災と焼け跡をめぐる噂。窃盗団の横行や、空き巣に関する噂。そして、ボランティアどうしの対立や、復興をめぐるキナ臭い話まで、耳をそばだてるような噂話は圧倒的に神戸のなかでも一部の地域に集中している。

　逆にいえば、その一部の地域以外では、流言らしい流言があまり見当たらなかった、といってよい。神戸新聞を始めとしたマスコミ関係者が口を揃えて、「震災と流言といっても、今回の阪神大震災では流言が流れなかったことこそむしろ特徴」

　と語ったのを裏づけるように、兵庫県下の大半の被災地は静かだ。流言が偏在しているのも、ひとつの事実といえる。

（ニューズワーク阪神大震災取材チーム『流言兵庫』200頁〔碩文社、1995年〕）

な行動の形成を促すときもある。うわさは新しいものを創造する機能も有している。

3　集合行動・社会運動のコミュニケーション

コミュニケーションが集合行動を形成する

　集合行動とは、火事や交通事故などの突発的出来事、スポーツの試合や音楽会、買物行動や政治活動、あるいは公害や自然災害の発生など、なんらかのきっかけによって生じる人々の行動を表す。集合行動は群衆行動、うわさ、パニック、騒動などの形態において出現する。集合行動は、多くの場合、自然発生的で、既存のルールや伝統に依存しない集合的な人間行為である。

　このような集合行動に人々が参加する動機には、不平・不満の

増大,孤立・不安の強化,疎外感の高まり,また,急激な社会変動,社会矛盾の激化,社会解体の危機などがある。しかし,これらの要因が集合行動を直接的に生み出すのではない。**集合行動は,人々の規定づけや解釈を通じて現れてくる**。人々がこれらの問題を意識し,危機として相互に認識し,また問題的状況として集合的に規定づけることを通じて集合行動が生み出されてくる。集合行動の形成には,人々の間のコミュニケーションによる問題の意識化,状況規定,解釈などの主体的条件が必要不可欠である。

このように形成された集合行動は一定のキャリアを有し,いくつかの段階を経ながら展開していく。アメリカの社会学者 H. ブルーマーによると,集合行動の初歩的な形態は「循環反応」である(Blumer [1939])。「循環反応」は一方の刺激が他方の反応となり,その反応がまた一方の刺激となる社会的相互作用である。その典型的な例がミリング(milling)である。

ミリングは,興奮状態にある人々の間に,感情の伝染というコミュニケーションの結果として生じてくる。ミリングにおいて,人々は家畜の群れのように,何の目的もなく,ただランダムに互いの間を動き回る。そこにおいてルールや伝統は存在せず,意識的なコミュニケーションはなされていない。けれども,ミリングでの人々の行動は同質的・画一的なものとなっている。

このような集合行動の形態は,そのままで止まるのではなく,次のより高度な形態に発展していく。集合行動の展開過程において,目標や規範はあらかじめ定められたものではなく,成員間のコミュニケーションの中で,人々の集合的な規定・再規定を通じて形成されていく。

そして,集合行動において,規範は固定された形で存在するの

図 7-2　集合行動の発生

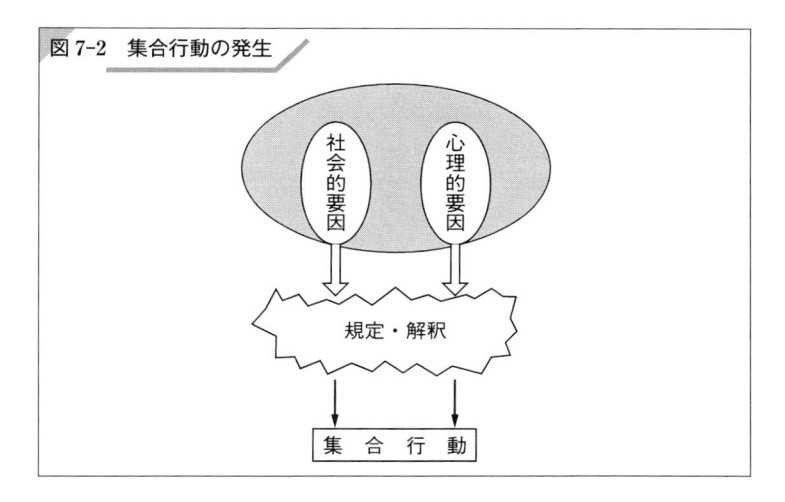

社会的要因　心理的要因
↓　　↓
規定・解釈
↓
集　合　行　動

ではなく、変化・変容し、**新たなものがしばしば生み出される**。新しい規範の創出は人々のコミュニケーション過程において行われる。新しく生み出された規範は当該の問題や行為の基準を規定し、理解するためのレンズの役割を果たす。

　また、集合行動においては、社会関係や社会集団も新しく発生する。自然災害時には救助隊の編成、連絡センターの設立、医療などの活動集団の形成がなされている。集合行動はつねに変化し、また新たなものを生み出すダイナミックな過程となる。

　このようなダイナミックな集合行動の展開を可能とさせるのが、人々の間のコミュニケーションである。集合行動にかかわる人間は、いつまでも匿名性によって特徴づけられるのではなく、互いに知り合うようになり、活発なコミュニケーション活動を展開していく。このコミュニケーション活動はそれ自体が人間行為を積極的に形成する過程となり、新しい結果をもたらすことになる。集合行動のコミュニケーションは人々の感情を生み出し、解釈を

形づくり，パースペクティブを形成し，行為の方向を決定する過程である。

> コミュニケーションは社会運動を動かす

他方，社会運動は，既成の社会や集団のあり方が不適切・不十分とされる問題的状況において，問題の解決を図り，既存の状態の変化，あるいは変化への抵抗をめざす人々の社会的活動として生まれる。社会運動は，多くの人々の非日常的で，ある程度，持続的な行動の，ダイナミックな展開過程である。

人々が社会運動に参加するのは，個々人の情熱，正義感，公正意識などが大きな促進要因となっている。また，人々の集団帰属意識，連帯感，一体感も見過すことのできない重要な要因となっている。さらに家族や友人などとの個人的つながり，近隣などとの日常的つきあいなど，既存の社会関係やコミュニケーション・ネットワークを通じて社会運動への参加がなされる。

社会運動の展開過程においては，一般に，一定の組織が生み出され，まず，その内部にリーダーと一般成員の地位・役割の分化がなされる。そして，メンバー間のコミュニケーションが促進され，相互の検討や批判を通じて規律の設定や帰属意識，連帯感，一体感などの感情の醸成がなされ，組織へのコミットメントの強化が図られる。

コミュニケーションは，社会運動の参加者の内部でなされるだけではなく，**外部ともなされる**。組織は運動のターゲットに対して，説得などのコミュニケーションを通じて働きかけ，目標の達成をめざす。他方，組織の成員の拡充のために，外部の人々に対して加入の勧誘のコミュニケーションがなされる。こんにちの社

会運動においては、直接の利害関係者のみならず、より多くの人々が参加することが、その成否にとって重要なポイントとなるので、たんなる傍観者を参加者に変えることが必要となる。

　また、社会運動においては直接的な参加者のみならず、まわりの支持者の獲得も必要不可欠である。良心的支持者の存在いかんによって運動が有利にも不利にも展開することになる。したがって、外部の人間に向けての宣伝や広報などのコミュニケーションが積極的に行われるようになる。個々の組織はまた他の組織と相互のコミュニケーション関係を確立し、組織間の連帯を行い、ネットワークを広げていく。

　社会運動の組織は、このように運動の内部・外部の人々とのコミュニケーションを通じて展開していく。それは決してストレートに発展していくものではなく、停滞や退潮を経験し、ときに組織自体の変容もありうる。たとえば、当局、対抗運動、競争者などによる圧迫、コントロール、巻き返しによって運動の方針が大きく揺らぐこともある。また、組織の硬直化、少数者による寡占化、さらには内部の不統一や対立の発生などによって、運動が壁にぶつかり、組織の解体や消滅という事態も生じうる。

　このような場合、組織においては、内的・外的なコミュニケーションが活発化する。コミュニケーションを通じて調整が図られ、状況の再規定、目標の変更、運動方針の軌道修正が行われる。また規範の変容・創発、リーダーの継承や交代が行われ、組織のあり方が再検討されるようになる。

　コミュニケーションが活発に展開されることによって、メンバーの結束の強化がなされ、組織の再構成・再編、そして新しい展開が行われるものとなる。これらのことを通じて、目標が達成さ

れ，問題が解決され，既存の秩序が変容され，新しい制度が生み出されることになる。社会運動は秩序のたんなる破壊や解体ではなく，問題的状況において問題を解決し，社会の再編成・再組織を行うものとなる。社会運動において，コミュニケーションの果たす役割はきわめて大きいといえる。

Reference 参考文献

オールポート，G. W., ほか [1952]，『デマの心理学』南博訳，岩波書店（原著，1947）。

カプフェレ，J. N. [1988]，『うわさ』古田幸男訳，法政大学出版局（原著，1987）。

佐藤健二 [1995]，『流言蜚語』有信堂高文社。

シブタニ，T. [1985]，『流言と社会』広井脩ほか訳，東京創元社（原著，1966）。

タルド，G. [1964]，『世論と群集』稲葉三千男訳，未來社（原著，1901）。

常光徹 [1993]，『学校の怪談』ミネルヴァ書房。

広井脩 [1988]，『うわさと誤報の社会心理』日本放送出版協会。

Blumer, H. [1939], Collective Behavior, in Park, R. E. (ed.), *An Outline of the Principles of Sociology*, Barnes and Noble, pp. 219-280.

ブルーマー，H. [1991]，『シンボリック相互作用論』後藤将之訳，勁草書房（原著，1969）。

モラン，E. [1973]，『オルレアンのうわさ』杉山光信訳，みすず書房（原著，1969）。

ル・ボン G. [1993]，『群衆心理』櫻井成夫訳，講談社（原著，1895）。

第8章 マス・コミュニケーション

巨大スクリーンに見入る人々

1 現代のマスコミ

> 「テレビ」はコミュニケーションの手段だった

「テレビ」を最初に発想したのはニプコーというベルリン大学の学生だったといわれる。彼はクリスマス・イブに，田舎に住む母親と顔を見ながら話せたらと思って，「映像つき電話」というものをイメージに描いた。それはこんにちの「テレビ電話」に当たるものであり，そこでは，テレビは「**コミュニケーションの手段**」として考えられていた。

このように，テレビはそもそも「双方向」テレビとして考えつかれた。ところが，これまでのところ，テレビは「一方通行」テレビとなっている。放送局から情報が一方的に視聴者に流され，視聴者はそれをただ受け取るだけとなっている。視聴者は，多くの場合，情報を送り返したり，新たに作り上げたりすることができない。現在のテレビには，コミュニケーションの双方向性は原則として存在していない。

しかし，このような一方通行のテレビを中心とするマスコミの力はこんにちにおいてきわめて大きい。湾岸戦争は「テレビ戦争」であったといわれるほど，人々の目をテレビにクギづけにさせた。また，テレビが非自民党政権を作り出したとか，テレビがタレント知事を誕生させたとかいわれるほど，政治のレベルでもテレビの果たす役割は大きい。そして，サッカーのＪリーグ・ブームはテレビが作ったものともいわれているように，スポーツの領域にもテレビは大きな役割を果たしている。

このようなことから,「**テレビは何でもできる**」とか,「**テレビはオールマイティだ**」という観念が広く行きわたっている。放送評論家の志賀信夫によると,「テレビは万能の機器」という認識が人々のうちにある。テレビは「時間を知らせたり,子どものおもりをしたり,子どもにいろいろな教養をつけさせたり,大人に娯楽を与えたり,映画館の代役をしたり,天気予報や株価の動きなどの情報を与えたり,料理の作り方を知らせたり,……（中略）……。テレビにあらゆる生活情報や娯楽を期待している……（中略）……,そうした楽しみや情報がすべて得られると思われている」（志賀［1993］）。

テレビ放送は 50 年の歴史を超えた

　日本では,テレビ放送は 50 年を超える歴史を持っている。1953（昭和 28）年 2 月に NHK の東京テレビ局が開局し,また 8 月には民放の日本テレビが開局した。それから 50 余年,日本のテレビ放送はさまざまな変化を遂げてきている。

　日本のテレビ放送の第 1 ステージは 1953 年から 59 年までのテレビ普及期である。53 年の NHK 開局時のテレビ台数はわずか 866 台であり,放送時間は 1 日 4 時間であった。しかし,55 年頃からは,それまでの「街頭テレビ」から「お茶の間テレビ」にしだいに移行していったこともあって,59 年 12 月には民放テレビ局も 38 社となり,NHK 受信契約者数も 346 万へと飛躍的に増大した。

　第 2 ステージは 1960 年 6 月以降のカラーテレビ時代である。放送時間も午前 7 時から夜の 12 時までの全日放送となった。番組としては,「モーニング・ショー」や「3 時のあなた」などの

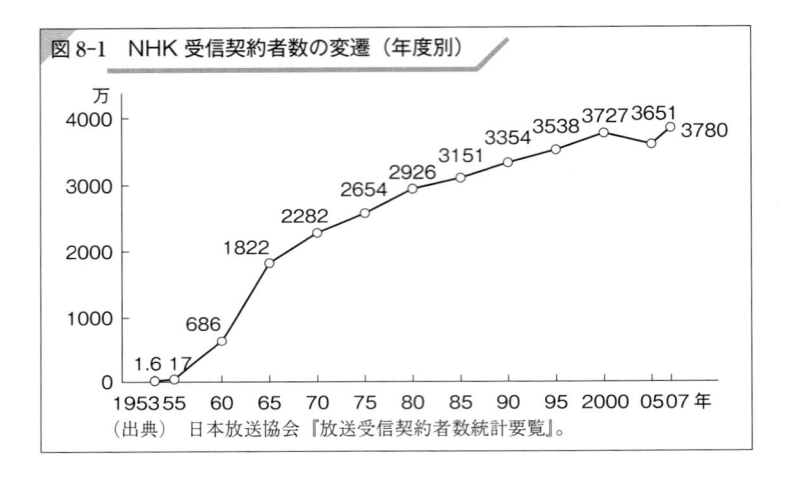

図 8-1　NHK 受信契約者数の変遷（年度別）

年	万
1953	1.6
55	17
60	686
65	1822
70	2282
75	2654
80	2926
85	3151
90	3354
95	3538
2000	3727
05	3651
07	3780

（出典）　日本放送協会『放送受信契約者数統計要覧』。

ワイドショーが開始され，またホームドラマ「ありがとう」「時間ですよ」「肝っ玉かあさん」が高い視聴率を獲得した。

テレビの優位が確立する

　そして，1963年のケネディ暗殺，64年の東京オリンピック，さらに69年のアポロ月面着陸という映像が，テレビの優位を決定づけた。69年には受信契約者数は2188万となり，その普及率は実に90％に達している。

　第3ステージは1970年代のローカル情報時代であり，この時期は地方の時代ということで，ローカル情報番組がかなり多くなった。また，この頃，番組内容よりもコマーシャルに人々の関心が向けられた。俳優チャールズ・ブロンソンを登用した化粧品や歌手のサミー・デーヴィス，Jr. を登場させた洋酒の CM が注目を集めた。また，「トンデレラ　シンデレラ」の殺虫剤，「君のひ

テレビ朝日「ニュースステーション」（1987年11月）（©テレビ朝日）

とみは 10000 ボルト」の化粧品，そして，「ピッカピカの1年生」の学習参考書の CM が人気コマーシャルとなった。

　そして，第4ステージは 1980 年代の報道の時代である。報道番組が 30 分から 1 時間という長時間にわたって放送され，報道のワイド化がなされた。そして，久米宏の「ニュースステーション」に見られたように，「キャスター」がわかりやすい解説をし，ときに自分の意見も差しはさむということが活発に行われた。

　また，討論番組「朝まで生テレビ！」がスタートしたのもこの頃である。この時期，テレビ局は，NHK が総合，教育の 2，民放テレビ局が 124 と増加，テレビ受信契約者数も 3434 万人となった。そして，衛星放送も開始され，さらにケーブル・テレビの都市型 CATV（1 万視聴世帯以上，多チャンネル，多目的＝双方向）もスタートした。

1　現代のマスコミ

テレビドラマのスタジオ収録風景（NHK 提供）

> テレビ離れが進む

しかし，この第4ステージではテレビの視聴率の低下が見られ，テレビの支配にかげりが見られはじめた。人々の**テレビ離れ**がいわれ，テレビの衰退が語られ，テレビは「冬の時代」に入ったともいわれた。

これに対して，中波（AM）ラジオがカーラジオの普及などで息を吹き返し，民放 FM 放送も 36 社と多くなり，ホームビデオの普及率も 50% を超えた。新聞の生き残り作戦も激しく展開され，雑誌，とくに週刊誌のブームが起こった。この時期はなによりも新しいメディアの出現が注目される。CATV，キャプテン，パソコン，CD，ビデオの普及が急速に進んだ。

そして，既存のテレビも衛星放送（BS＝放送衛星，CS＝通信衛星）を追加させ，これと並行して番組のセグメント（分割）化が

進められた。とくに女性向け，若者向けや高齢者向けの番組などが作られ，視聴ターゲットが細かく分けられた。「トレンディ・ドラマ」はもっぱら10代後半から20代の女性を対象としたものであった。

これらのことから，**コミュニケーションのパーソナル化**が進行した。同一番組を家族全員で一緒に見るのではなく，各自がバラバラに視聴するようになった。父親はCNNのニュースを，母親はカラオケを，兄はビデオを，姉はCD音楽を，弟はテレビゲームをと，それぞれ別々になった。放送はブロードキャストからナローキャストに移行したともいわれた。

そして，こんにち，見るだけのテレビは終わったとされる。アメリカの放送関係者によると，「これまでのテレビ放送は間もなく消滅するだろう」ということである。また，日本のテレビマンにも「2000年にはテレビはない」と言い切る人もいた。

そして，こんにち，テレビは「見るだけのテレビ」ではなく，「**するテレビ**」「**利用するテレビ**」「**参加するテレビ**」に変わりつつある。「**見るテレビ**」は衰退して，「**対話するテレビ**」「**使うテレビ**」へと向かっている。ここから，テレビは双方向テレビへ進むことになる。これまでのテレビはテレビ局から視聴者に情報が一方通行に流れるものであった。これに対して，双方向テレビは視聴者が情報を送り返すことが可能なテレビとなる。

双方向機能によって，視聴者が番組に参加して，クイズやアンケートに答えるだけではなく，企画・制作などの番組づくりも行えるようになる。さらには，家庭に居ながらにして，番組内容に介入でき，登場人物とインタラクションができるようになる。

1　現代のマスコミ

2　全能のマスコミ

マスコミは全能である

こんにちのマスコミにおいて，コミュニケーションの送り手と受け手の役割は固定化している。そして，少数の送り手が多数の受け手に対して一方通行的に情報を送り，受け手はそれをそのまま受け取り，しかも，ストレートに影響を受けるものとなっている。マスコミにおいては共通の経験が直接的に確定されることは少なく，その間に利害の一致は存在していない。

アメリカの社会学者 C. W. ミルズ★によると，マスコミは「真の意味ではコミュニケーションとは呼びえない」(ミルズ [1958])。そして，受け手である「大衆」は，相互のつながりを持たない，受け身的・消極的存在とされている。ここから，「**マスコミは全能，大衆は無力**」とする，**マスコミ強力説**が生み出された。

今から 70 数年前の 1938 年，それまで音楽を流していたラジオが突然中断した。「臨時ニュースを申し上げます。ただ今，ニュージャージー州の農場に何か得体の知れない巨大な物体が火をふいて空から落ちてきました。一体何でしょう。詳細が分かり次第

★ミルズ
Mills, C. W. (1916-62)　アメリカの社会学者。アメリカ社会の現実を批判的に考察した『ホワイト・カラー』(1951)，『パワー・エリート』(1956)，そして社会学の現状を批判した『社会学的想像力』(1959) で有名。

お伝えしますので，そのままお待ち下さい。音楽をどうぞ」。

　しばらくして，「こちら，ニュージャージーの現場からです。目の前に大きな物体があります。本当に大きな物体です。一体何でしょう。あっ，中から何か出てまいりました。クマくらいの大きさで，目は真っ黒。ヘビみたいに光っています。どこからか炎が出てきて，辺り一帯を火に包み込みました。あっ，こっちへやってきます。わたしの右20ヤードのところまで……」（マイクの壊れる音。そして死のような静寂）。「皆さーん，放送をこれ以上続けられません……」。

　まもなくして，「さきほどのニュージャージー州の農場にやってきた奇妙な生物は火星からの侵入軍と考えられます」（サイレンの音）。「ただ今のサイレンは火星人の接近のため全市から避難せよとの勧告です。ニューヨークの市民の皆さんお気をつけ下さい……」（プツン）。

　さあ，ニューヨークは大混乱となった。電話しても通じない。車を飛ばして交通マヒや交通事故に巻き込まれる。ビルからあわてて飛び下りてケガをする。まさにパニック状態が引き起こされた。

　しかし，このラジオを冷静に聴いていた人なら，アナウンサーがこう言ったのを聞いたであろう。「ただ今，お送りしたのは，H.G.ウェルズ原作ドラマ『宇宙戦争』でした」。ドラマとは知らずに，人々は大騒ぎをした。放送局も別に意図しなかったが，多くの人が本当のことと思って，パニックを引き起こしたのである（キャントリル［1971］）。

大衆は無力である

マスコミの力はこのように人々の行動を大きく動かすことができる。**マスコミは全能である**。そして，これに対して，**大衆は無力**で，ただ踊らされるだけの存在であるとされる。

この場合，**大衆**（mass）とは大量の人間ということだけではなく，バラバラで，相互のつながりがなく，孤立している人々をさしている。あたかも大型テレビの前に座っている，ひとりぼっちの小さな個人のようにである。

そして，大衆は多くの社会的事柄について無知で，無関心である。また，それは感情的・非合理的に行動し，受け身的・消極的であり，画一的存在となっている。したがって，大衆はマスコミによって自由に踊らされてしまうことになる。

マスコミの持つ力について，もう1つの社会的出来事として「**マラソン放送**」がある。1943年にラジオ・スターのケイト・スミスが18時間のマラソン放送によって，戦争債券の購入をアメリカ国民に呼びかけた。ケイト・スミスはマイクの前に1日中座りっぱなしで，債券を購入すれば（あなたの）息子の帰国が早まることや，債券を購入しないのは国民としての義務を果たしていないことや，アメリカ国民はいまこそ一体感を持つべきことをずっと訴え続けた。この彼女の情熱的な訴えは多くの国民の胸を打ち，債券の購入の約束を大量に取り付けることができた（マートン［1970］）。

このようなことから，マスメディアは全能で，大衆は無力で，ただ踊らされるだけというマスコミ強力説が形成された。そして，この見解はこれまでずっと多くの人に支持されてきている。

> マスコミの力は補強効果どまりである

このようなイメージは、しかし、現実と必ずしも合致していないようである。たとえば、CM はその商品を「買いたくない」と思っている人に「買わせる」という力を必ずしも持っていない。

P.F. ラザースフェルド★らの研究によると、1940年のアメリカ大統領選挙において、選挙期間中の放送キャンペーンで支持候補者を共和党から民主党に変えた人、また逆に、民主党から共和党に変更した人はわずか5%しかいなかった（ラザースフェルドほか［1987］）。

そして、マスコミの力は「改変効果」ではなくて、「**補強効果**」どまりであるといわれている。CM の力は商品を「買おうと思っている」人に「買うことを決断させる」力である。つまり、マスコミは同じ方向をいっそう強める力はあるけれども、別の方向に向かわせる力は持っていない。

また、マスコミの影響力は直接的ではなく**間接的**である。マスコミの送り手と受け手との間にはつねに媒介者が存在している。この媒介者がマスコミから送られてくる情報内容を修正・拡大、あるいは縮小する濾過作用を行う。このような**濾過作用**を行う媒介者を**オピニオン・リーダー**と呼ぶ。オピニオン・リーダーは情報を豊富に持つ事情通であり、そのことによって他の人に影響を

★ラザースフェルド

Lazarsfeld, P.F.（1901-76） コロンビア大学の応用社会調査研究所を中心に多くの社会調査を実施し、またマス・コミュニケーションの研究を推進した。主著としては、『ピープルズ・チョイス』（1944）、『パーソナル・インフルエンス』（1955）、『質的分析法』（1972）があげられる。

与えることができる人である。

　このオピニオン・リーダーはつねに同じ人である必要はない。政治問題，映画，ファッションなどテーマによって変わり，固定していない。事情に通じ，また集団の価値や規範を体現している人ならば誰でもオピニオン・リーダーになれる。そして，このオピニオン・リーダーがマスコミの情報をふるい分けるフィルターの役目を果たす。

　このようなオピニオン・リーダーが存在するということは，つまり，マスコミの影響力は直接的ではなく，間接的であることを意味する。E.カッツ★とラザースフェルドによれば，「マスコミから発せられた情報はオピニオン・リーダーに流れ，次に，オピニオン・リーダーがその情報を受け手に伝える」（カッツほか[1965]）。このことを「**コミュニケーションの2段階の流れ（two-step flow of communication）**」という。

　これまで，情報は送り手から受け手に直接に流れ，コミュニケーションの流れは1段階＝ワン・ステップであると思われてきた。しかし，実際は，2段階＝ツー・ステップである。しかも，情報はオピニオン・リーダーの濾過作用によって修正・変更を受けることになる。この事実からしても，マスコミの力は全能ではないことになる。

★カッツ
Katz, E.（1926-　）アメリカのコミュニケーション研究者。コミュニケーションの流れや受け手の主体的あり方について調査研究を行い，具体的に明らかにしている。主著はラザースフェルドとの共著である『パーソナル・インフルエンス』（1955）などである。

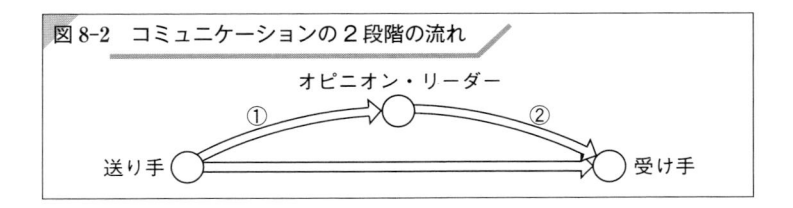

図 8-2　コミュニケーションの２段階の流れ

　　　　　　　　オピニオン・リーダー
　　　　　①　　　○　　　②
　　送り手　○　　　　　　　○　受け手

> パーソナル・コミュニケーションも力を持つ

　そして，ここで注目すべきは，このオピニオン・リーダーと一般の人々の間には，ふつう，日常的なコミュニケーションがなされていることである。この日常的コミュニケーションのことを，マス・コミュニケーションに対して，**パーソナル・コミュニケーション**という。そして，それによって人々の行動が左右されている。

　むしろ，人々は自分の行動をマスコミよりも，このパーソナル・コミュニケーションによって強く影響されている。たとえば，主婦の日常生活行動に影響を与えるのはテレビ，新聞，雑誌よりも，パーソナル・コミュニケーションの方が大きい。また，映画鑑賞やファッションもパーソナル・コミュニケーションの影響が大きい。

　このように，日常的場面や消費行動においてもパーソナル・コミュニケーションの方が影響大である。したがって，マスコミの力は絶対ではなく，パーソナル・コミュニケーションの力もまた強いということになる。これらのことから，他方に，受け手のイメージの変更が必要となってくる。

　大衆は従来の孤立的で受け身的なイメージとは異なり，互いに他の人間とかかわりあいを持ち，日常的なコミュニケーションであるパーソナル・コミュニケーションを行っている。大衆は孤立

表8-1 1945年のイリノイ州における主婦の日常生活行動への影響

買物（食料品） (%)

	強く影響	まあ影響	あまりない
ラジオによって	8	14	9
新聞によって	2	8	20
雑誌によって	2	5	18
パーソナルによって	15	13	10

映画鑑賞

	強く影響	まあ影響	あまりない
新聞によって	5	5	73
雑誌によって	4	3	21
パーソナルによって	14	4	25

ファッション

	強く影響	まあ影響	あまりない
雑誌によって	3	5	31
パーソナルによって	8	12	24

（出所） カッツら［1965］の調査。

的ではなく，**集団的・社会的存在**である。しかも，マスコミに対して受け身的ではなく，積極的にかかわっている。ここにおいて，主体的・能動的存在としての受け手というイメージが浮かび上がってくる。

3 受け手の主体性

受け手は選択する

受け手の主体性として，第1に，受け手がコミュニケーションの流れを形成し，また変更できることがあげられる。**コミュニケーションは受け手のイニシアティブによってはじめられ，現実化されるものである**。

新聞を読む，チャンネルを選ぶという受け手の行為がなされないかぎり，マスコミの効果は少しも顕在化しない。そして，受け手に受け入れようとする気がなければコミュニケーションの流れはいっこうに進行しない。受け手次第でコミュニケーションの流れがスタートし，またストップすることになる。受け手が受け入れない，つまり新聞を読まない，またテレビを見ない場合には，マスコミの効果は生じない。テレビをつけるか，つけないか，また，どのチャンネルを見るか，見ないかを決めるのは，送り手であるテレビ局ではなく，あくまで受け手の視聴者である。人々はマスコミをみずから選択している。

　毎年おおみそか恒例の国民的行事といわれるNHKの「紅白歌合戦」の視聴状況に，最近，大きな変化が出てきている。人々ははじめから終わりまで見るのではなく，好きな歌手のときだけ見る。また，画面をじっと見るのではなく，何かをしながら見る。自分がとくに見たいわけではないけれども，家族とのつきあい上，仕方なく見る。そしてまた，ときどき別のチャンネルに切り替える。さらには，この時期にはスキーや海外旅行に出掛けて「紅白歌合戦」を見ない。あるいは後で見るためにビデオにとっておく。

　このようなことから，「紅白歌合戦」の視聴率が激減している。そしてまた，「紅白歌合戦」に対する人々の意味づけも変化し，1年の区切りというよりも，たんなる歌番組として，またバックミュージックとして聴くようにもなってきている。

　このように，こんにち，テレビの見方，マスコミの受容の仕方は，送り手の意図とは必ずしも一致しない。テレビも新聞も送り手の思うとおりには見られていない。むしろ，**送り手の意図とは異なるかたちで見られている。**

そして,「見ないから影響されない」ということだけにとどまらず,「見ないこと」が重要な効果を持っている。すなわち,送り手は見てもらうために内容を変えることを余儀なくされる。視聴率が下がるとスポンサーがつかないので,視聴率アップが至上命令となる。そこで,テレビは視聴者に見てもらうように番組内容を変更する必要がある。新聞も同様に,読んでもらうために記事の内容を変えなければならない。受け手の意向を無視できず,送り内容を変えざるをえないことになる。

受け手が内容に生命を与える

受け手の主体性として第2にあげられることは,受け手がマスコミの影響力を引き起こすということである。マスコミの影響力はマスコミが引き起こすのではなく,実は,**受け手によって引き起こされる**。受け手が影響を受けようとするから影響されるのである。

受け手に影響を受ける気持ち,姿勢,構えがないときは,その力は半減する。何の影響を受ける気もなく,漫然と新聞を読んでもあまり害はない。そして,批判的に見れば影響がないだけではなく,かえって逆効果も現れる。「新聞はウソを書く」とか,「テレビは信用できない」とマイナスに評価されてしまう。また,最近,テレビは暇つぶしのためにも見られている。そこでは,送り手がどんなにがんばっても影響は生じないことになる。

このように,**マスコミの提供する内容に生命を与えるのは受け手自身である**。生命が与えられなければ,それは無用の長物となってしまう。古新聞がその例であり,また折り込み広告の多くがその運命にある。

受け手が生命を与えるから，送り内容がその力を発揮する。したがって，悪影響を回避するためには，受け手はそれを見ないか，見ても批判的に見ればよいことになる。ここにも受け手の主体性が存在している。

> 受け手は解釈する

　第3に，受け手はマスコミの内容をそのまま受け取る必要がないことである。マスコミによって与えられた情報をそのとおりに，そのまま受け入れなくてもよい。受け手は自分の置かれた立場，これからの行為の方向にしたがって，**内容を解釈できる**。そして，内容を修正・変更・再構成し，それにもとづいて，自分の意見・態度・行動を作り上げることができる。したがって，送り手が予想もしなかったことが起こることもありうる。実際，人々の投票行動はマスコミの予測や期待と必ずしも一致しない。ときに大きくズレることも生じている。

　1948年のアメリカ大統領選挙において，多くのマスコミはトルーマンが選ばれることに反対し，また世論調査結果も彼の勝利を予測しなかった。にもかかわらず，トルーマンは大統領に選ばれた。人々は投票においてマスコミの予測と期待を裏切り，トルーマンを大統領に選出したのである。わが国でも選挙予測が当たらないことはよく経験されるところである。

　また，人々はマスコミの内容をみずからの立場から解釈している。アメリカの社会学者H. ブルーマーによると，「選挙キャンペーンと投票行動の間には，人々の解釈が介在している」（ブルーマー [1991]）。そして，**人々の「解釈」がマスコミとの接触，およびマスコミ内容の受け取り方に大きく影響を与える**。したがって，

マスコミは送り手の意図とは異なる形で見られることになる。

たとえば,クイズ番組は,ラザースフェルドによると,「競争的」「教育的」「自己評価的」「スポーツ的」の4つの受け取り方をされている。「競争的」とは,回答者と視聴者との間の競争であり,「自分は知っている,博識だ」と思うようなことである。「教育的」とは,番組から知識を得ることであり,「なるほどそういうことだったのか。知らなかった。勉強になった」などと感じることである。また,「自己評価的」とは,自分がどの程度知っているかを知ることができることであり,「自分も捨てたものではない」とか思うことである。そして,「スポーツ的」とは,回答者の間での競争とか,また出演者の中で勝つ方を予測し,それによって自分の判断の正しさを示すことである。

受け手は「利用」する

受け手は,第4に,マスコミを自分の生活に役に立つように「利用」している。H. ヘルツォークの研究によると,昼間の「メロドラマ」に対して主婦は3つの受け取り方をしている(Herzog [1944])。

1つは情緒解放の手段として見ており,登場人物と一緒に泣いたり,悲しんだりすることで,自分の不満の解消を行う。2つは代理参加の手段として見ており,自分では実現が不可能なので,テレビの登場人物が代わりにやってくれるから,それで満足するようになる。そして,3つは日常生活のテキストとして見ており,ふだんの生活のすごし方,ルール,マナー,また礼儀作法をそこから学習する。つまり,「メロドラマ」から生活上の助言と忠告を受け取っている。受け手は送り手の意図どおりではなく,自分なりに受け止め,むしろ,**マスコミを「利用」**している。

J. W. & M. W. ライリー夫妻★の研究によると，子どもがアニメ番組を見る見方には2つある（Riley & Riley [1951]）。1つは番組がおもしろいから見るのであり，もう1つは仲間に加わりたいがために見るのである。子どもは仲間との話し合いの話題として番組内容を知る必要があるので，アニメ番組を見ることになる。

　このように，人々はマスコミを送り手の意図どおりに見ているわけではなく，それとはかなり異なったかたちで見ている。人々は自分の生活の必要にしたがって，**コミュニケーション内容の「焦点の移動」**を行い，それを**「利用」**し，そこから**「満足」**を得，自分なりの**「効果」**を上げている。

　つまり，人々はマスメディアによって自由に踊らされるのではなく，逆に，マスコミを巧みに「利用」しているのである。そして，最近では，番組をただ見るだけではなく，人々は**番組そのものに参加**し，また**番組を制作**することも行っている。

| 受け手が「送り手」「作り手」となる |

　参加番組は，もともとはNHKの「のど自慢」にはじまり，モーニング・ショーやアフタヌーン・ショーへの主婦の「参加」，さらに「ヤングオーオー」「プロポーズ大作戦」「パンチDEデート」「ラブアタック！」などへの若者の参加として展開したものである。この参加番組が若者の間で多くの人気を集めている。「ねるとん紅鯨団」「全国高等学校クイズ選手権」「アメリ

★ライリー夫妻—————————————
Riley, J. W.（1908-　）& Riley, M. W.（1911-　）　アメリカのマスコミ研究者。マス・コミュニケーションの流れを理解する総合的図式を作り上げた。

カ横断ウルトラクイズ」「パネルクイズ　アタック25」「クイズタイムショック」「書道ガールズ甲子園（「ズームイン!!　SUPER」内企画）」など，番組に出場して，自分の才能や特技を発揮している。

さらに，人々は番組そのものを制作している。テレビでの番組づくり，ビデオ参加，オープン・チャンネル，またCATVの「パブリック・アクセス・チャンネル」が実施されつつある。そこでは，人々は情報を与えられるだけではなく，みずから情報を作り上げている。

このように，受け手はマスコミのたんなる受け手にとどまることなく，新たなコミュニケーションを展開できる担い手となりうる。人々は，もはや，消極的な「受け手」ではなく，**積極的な「送り手」**，さらには，**創造的な「作り手」**となっている。

マスコミの力は依然として大きい

このような受け手の主体性は，しかし，決して絶対的なものではなく，つねに限界のあるものである。人々が重要事件について知るにはマスコミを通じてしかないように，マスコミの力は依然として大きい。

アメリカのマスコミ研究者であるP. ドイッチマンとW. ダニエルソンによると，マスコミは人々の「評価」や「影響」の点ではパーソナルなものにかなわないかもしれないが，**「認知」**段階や**「情報の流れ」**の点においては，なお強い力を持っている（Deutschmann & Danielson［1960］）。

ドイッチマンとダニエルソンは1957年に起こった3つの事件，すなわち，①アイゼンハワー元大統領の心臓発作，②人工衛星の

図8-2 3つの大事件の最初の情報源		(%)
	パーソナル	マスコミ
①アイゼンハワーの心臓発作	18	82
②人工衛星の打ち上げ	23	77
③アラスカの州昇格	15	85

(Greenberg〔1964〕)

打ち上げ，③アラスカの州昇格について，ミシガン州の人々の最初の情報源を調べてみた。その結果，事件についての最初の情報源はマスコミが圧倒的に多く，パーソナル・コミュニケーションは少ないことが知らされた（➡図8-2）。人々が事件について「認知」するにはマスコミに大きく依存せざるをえない。重要事件に関する情報は直接に人々に伝えられ，オピニオン・リーダーの介在も，2段階の流れもなされていないことになる。

また，アメリカのマスコミ研究者であるB.S.グリーンバーグによると，マスコミは浸透度のもっとも強い第1次情報源である（Greenberg [1964]）。これに対して，パーソナル・コミュニケーションはそれほど大きな役割を果たさない。そして，パーソナル・コミュニケーションが役割を果たすのは，ケネディ暗殺のような社会の最大の関心を引くニュース，あるいは逆に，最小の関心しか引かないニュースの場合だけである。

しかし，一般には，**重要事件はマスコミを通じて知るのがふつう**である。はじめて知るような新しい出来事については，人々は，やはり，マスコミを通じて知るしかない。このことは社会の国際化，多様化，変動化によって，いっそうよく当てはまることとなっている。

そして，そこで提供されるものは，人々が直接確認したり，事実と照らし合わせたりすることができない情報である。人々はそれをただ受け入れるだけであり，また，信じるだけである。したがって，人々の「主体性」はマスコミの手のひらの上の主体性でしかないことになる。マスコミの力は，行動への影響力に関しては大したことはないとしても，認知の段階では依然として強いものとなっている。

媒介要因が無効化される

　そして，行動への影響力も，実は，決して軽視することができない。たしかに，マスコミの影響力は，選挙のキャンペーン効果に見られるように，それほど大きなものではないかもしれない。しかし，そのキャンペーン活動は短期間のものである。

　長期的に見ると，マスコミの力は人々の行動への影響力においても，依然としてかなり大きい。アメリカのマスコミ研究者であるJ. T. クラッパー★が言うように，「マスコミの効果は，しばしば，主要な，また必要な原因でもあるし，また，ある場合には，十分な原因ともなる」（クラッパー［1966］）。

　クラッパーによると，マスコミが人々に変化を引き起こす場合として2つがある。1つは媒介要因が無効であり，マスコミの効果が直接的に働く場合であり，2つは媒介要因がそれ自体，変化を推進する方向に働く場合である。

★クラッパー
Klapper, J. T.（1917-84）　マス・コミュニケーション，とりわけその効果に関するこれまでの研究を集大成し，図式化したことで有名である。主著は『マス・コミュニケーションの効果』（1960）。

媒介要因の機能が無効であるとは，オピニオン・リーダーの濾過作用がなされなく，マスコミと受け手とがストレートに結びつくことである。たとえば，現代社会におけるように，第 1 次集団やコミュニティが解体したり，また，そもそも存在しなかったりして，パーソナル・コミュニケーションが成立しにくく，孤立的人間が多く生み出されているような場合がそうである。また，社会規範の変化・変動によって，価値観の対立や混乱が生じ，アノミー状況が生まれ，その結果，人々の不安の状況が存在するような場合，マスコミの効果は直接的に現れうる。

　ドラマ「宇宙戦争」によって引き起こされたパニックは，1938年当時のアメリカ社会の経済的不況の長期化，生活の不安定化，ヨーロッパにおける戦争の気配の強まり，社会的危機の到来という背景のもとで，これまでの社会規範が有効性を持たず，人々の間に不安が生じていたことから発生したといえる（マートン [1970]）。

　わが国におけるトイレットペーパー騒ぎや米不足騒ぎも同じ性格を持っている。媒介要因の無力化は，それだけ，マスコミの影響力を強大なものとし，人々はマスコミによって判断の枠組みを提供され，操作され，それによって振り回される，ということになる。

| マスコミが媒介要因を作り上げる |

　さらに重要なことに，マスコミそれ自体が媒介要因を自分に有利なように作り，また作り替えて利用することも行われている。それがクラッパーのいう，マスコミが人々を変化させる第 2 の場合である。

マスコミは本来，パーソナル・コミュニケーションと共存するというよりも，それと対立し，それを駆逐し，それに取って代わるという性質を持っている。藤竹暁によると，「テレビは人間からコミュニケーションを奪い，人間をテレビの世界で遊ばせてしまっている」（藤竹［1968］）。

　ここから，人々の日常会話はマスコミによって作られたものを中心に繰り広げられることになる。人々はお互いの間で自分たちの事柄に関する会話や討論を欠落させ，マスコミによって与えられたものをそのまま口移しに伝えるだけのコミュニケーションを展開するようになってしまう。子どもたちの話題はテレビのアニメについてであり，サラリーマンの中心的話題はきのうテレビで見た「Jリーグ」に関するものとなる。これらのことをお互いに述べ合い，その知識の豊かさを誇り合うことが日常会話のつねとなってしまう。それは現実を踏まえたコミュニケーションではなく，現実とは遊離したものとなっている。

　このように，マスコミはパーソナル・コミュニケーションを解体させる。人々は家族との話し合いをやめ，テレビにクギづけにされることになる。テレビ内容を媒介とした「話し合い」は，断片的で，深さと広がりがない「おしゃべり」の域を出ないものとなる。それは人々の身近な現実的生活と必ずしも結びついていないし，また結びつけられてもいないものとなる。

人々は与えられた準拠集団に依存する

　人々はみずからの準拠集団ではなく，マスコミによって**作られた準拠集団に自分を結びつける**。与えられた準拠集団に依存しながら，自分の態度を作り上げる。こんにちのマスコミは，

人々の態度の変化をストレートにねらうよりも，このような準拠集団づくりに力を入れ，この準拠集団を通じて間接的に変化をねらうようになってきている。

　たとえば，「隣人と比べてあなたはどうですか」「男ならどうする」「30代ならこうすべき」「東京人ならこうだ」とか，ほかに，同窓会，スポーツ仲間，「リトル・フレンド」などの準拠集団づくりがなされている。それによって，人々の消費生活・購買行動は疑いもなく促進される。

　このように，**マスコミによって作られ，与えられた準拠集団**にしたがって，人々が自分の行動を行っているとするならば，パーソナル・コミュニケーションはマスコミをチェックする機能を持つとはいいがたくなる。むしろ，パーソナル・コミュニケーションはマスコミの流れを促進するのに有効に作用している。日常的に行われるパーソナル・コミュニケーションが必ずしも現実生活との関連において形づくられたものではなく，その内容において，マスコミの焼き直しや縮小版であるかぎり，このことは真実であろう。

　災害時において，パーソナル・コミュニケーションによってうわさを「確認」した多くの人々がパニックを引き起こしており，トイレットペーパー騒ぎや米不足騒ぎは，オピニオン・リーダーらの情報によっていっそう増幅させられている。ここから，パーソナル・コミュニケーションはつねに「善」であり，マスコミはつねに「悪」という図式は成立しないことになる。パーソナル・コミュニケーションもまた「悪」でありうる。

　人々はマスコミによって日常の現実的な準拠集団を解体させられ，奪われ，その代わりに，マスコミの作った準拠集団を与えら

図8-3 マスコミと準拠集団

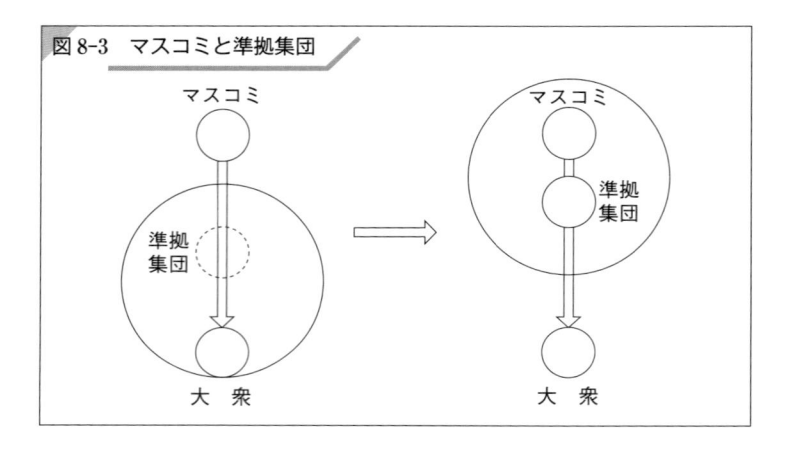

れ、それに依存し、それに従うことになる。人々は完全にマスコミの手中に収められてしまうようになる。

マスコミの活動は不断の活動であり、繰り返し、長期的に行われる（➡図8-3）。そのような場合には、人々のうちに何らかの影響がやがて生じてくる。その典型的な例がCMである。朝な夕なに、数回、数十回と繰り返し、しかも、情緒的に働きかけるCMは、人々の意識の底に深く沈んでいき、実際の場面において多かれ少なかれ効果を生み出している。人々の態度はマスコミによって、急速ではないとしても、しだいに変化させられている。人々はマスコミによってふたたび支配されることになる。受け手の主体性が存在しなくなる。このような場合には「全能のマスコミ、無力の大衆」が現実化する恐れがある。

双方向コミュニケーションを実現する

このような事態を、いかにして回避し、また克服すべきだろうか。そのために必要なことは、第1に、受け手である人々

自身が，自分の現実との関連において，**真のパーソナル・コミュニケーション**を回復し，それをふまえて，**下からの準拠集団**を主体的に形成していくことである。この下からの準拠集団との関連において，人々の新たな主体性が発揮されるようになる。

　しかし，このような受け手の主体性の完全な発現を，たんに受け手だけの問題としてとどめるのでは不十分である。問題は受け手だけの問題ではなく，送り手側の問題でもある。

　送り手の側においても，受け手の要求に応じるかたちでの「**真実の報道**」をめざすコミュニケーション活動が必要となる。それは受け手の要求に応え，しかも，センセーショナリズムにとらわれず，また，仮定のコンセンサスを説くものでもない。このようなコミュニケーション活動においては，現実の対立・矛盾をそのまま対立・矛盾として報道するような客観的報道が期待される。対立・矛盾の内容は，人々の新たな認識活動を開始させるのに役立つ。そして，身近な狭い日常生活とより大きな社会に結びつけるための情報を手に入れ，現実の対立・矛盾の解決を志向させるようになる。

　ここにおいて，送り手と受け手との間に現実にもとづく**共通の準拠集団**が形成され，現実を正しく反映させたコミュニケーション活動が展開されることになる。そうすることを通じて，マスコミは，その一方的流れをやめ，人々の主体的なフィードバックを通じての相互的流れとなる。ここにおいて，コミュニケーションはその本来的あり方を広範に，かつ立体的に回復できることになる。このことが現代社会におけるコミュニケーションのあるべき姿であるといえよう。

　コミュニケーションとは，そもそも，2人以上の人間が意味を伝達

し，その意味の伝達を通じて互いに共通な意味を有するようになる過程である。コミュニケーションは，本来，一方通行ではなく双方向なのである。

Reference 参考文献

ウィーバー，D. H., ほか [1988]，『マスコミが世論を決める』竹下俊郎訳，勁草書房（原著，1981）。

カッツ，E., ラザースフェルド，P. F. [1965]，『パーソナル・インフルエンス』竹内郁郎訳，培風館（原著，1955）。

キャントリル，A. H. [1971]，『火星からの侵入』斎藤耕二ほか訳，川島書店（原著，1940）。

クラッパー，J. T. [1966]，『マス・コミュニケーションの効果』NHK放送学研究室訳，日本放送出版協会（原著，1960）。

Greenberg, B. S., [1964], Person to Person Communication in the Diffusion of News Event, *Journalism Quaterly*, 41: 489-494.

児島和人 [1993]，『マス・コミュニケーション受容理論の展開』東京大学出版会。

佐藤毅 [1990]，『マスコミの受容理論』法政大学出版局。

志賀信夫 [1993]，『新テレビ時代』丸善。

竹内郁郎 [1990]，『マス・コミュニケーションの社会理論』東京大学出版会。

田崎篤郎・児島和人編 [1992]，『マス・コミュニケーション効果研究の展開』北樹出版。

Deutschmann, P. and W. Danielson [1960], Diffusion of Knowledge of the Major News Story, *Journalism Quarterly*, 37: 345-355.

藤竹暁［1968］,『現代マス・コミュニケーションの理論』日本放送出版協会。

ブルーマー, H.［1991］,『シンボリック相互作用論』後藤将之訳, 勁草書房（原著, 1969）。

Herzog, H.［1944］, What do we really know about Daytime Social Listeners, in P. F. Lazarsfeld and F. N. Stanton (eds.), *Radio Research, 1942-1943*, Duell, Sloan and Pearce, pp. 3-33.

マートン, R. K.［1970］,『大衆説得』柳井道夫訳, 桜楓社（原著, 1946）。

ミルズ, C. W.［1958］,『パワー・エリート』上・下, 鵜飼信成ほか訳, 東京大学出版会（原著, 1956）。

Riley, M. W. and J. W. Riley, Jr.［1951］, A Sociological Approach to Communications Research, *Public Opinion Quaterly*, 15 (3); 445-460.

ラザースフェルド, P. F., ほか［1987］,『ピープルズ・チョイス』有吉広介監訳, 芦書房（原著, 1944）。

第9章 国際コミュニケーション

インドネシアの研修生と交流する小学生

（毎日新聞社提供）

1 日本人のコミュニケーション

> 日本人はコミュニケーション嫌いか

日本人はコミュニケーション嫌いであるといわれる。他の人の前ではあまりしゃべらず,押し黙っており,むしろ,「言わぬ,語らぬ」がよいとされる。金田一春彦によると,日本人の言語表現は,何よりもまず,「言うな,語るな」である(金田一[1975])。また,D. C. バーンランドによると,日本人は口に出して言い表すことをコミュニケーションの方法として高く評価していない(バーンランド[1979])。

日本人の1日の会話時間はアメリカ人の半分であるといわれる。そして,日本人においては言語使用の価値が低く,言語による自己表現にそれほど積極的ではない。おしゃべりは尊ばれず,むしろ軽薄というマイナスの評価を受けている。「口は災いの因」であり,「キジも鳴かずば撃たれまい」といわれ,「物言えば唇寒し」である。そして,思ったことをすぐに口には出さず,心の中にしまっておくのがよく,「言わぬが花」とされる。

そして,淡々と語り,簡潔に述べる方がよい。口下手であったり,無口であったりすることは決して悪いことではない。むしろ,寡黙な方がよく,とりわけ不言実行がよい。「沈黙は金なり」として高く評価され,沈黙型人間は出世するともいわれる。

このように言語を多く用いないことから,日本人は言語表現よりも言語以外の**身振りを一般に用いる傾向**があるといわれる。意見に賛成して小さくうなずき,敬意を表して深くお辞儀をする。

いばって胸を張り，分からないときには小首をかしげる。そして，別れのあいさつとして静かに手を振る。

身振りも派手ではない　しかも，この**身振りも決して派手なものではない**。日本人のしぐさはおとなしく，体の動きが乏しいといわれる。そして，喜怒哀楽をあまり表に出さず，出すときにもいくぶん抑えられたものとなっている。多田道太郎のいうように，「目立った身振りがないということが日本人の身振りの一特徴」（多田［1979］）なのである。

そしてまた，顔の表情も乏しく，外国人から見ると，日本人の顔は能面のようだともいわれる。同様なことは目による表現にも当てはまる。日本人において「目は口ほどにものを言う」として，目が最大限に活用されるが，目の動きはきわめて地味である。日本人は目を見開いたり，相手をじっと見つめたり，じろじろ見ることをしない。そして，相手と直接に目を合わせることは好まれない。むしろ，目をそらし，伏し目がちである。映画監督の小津安二郎の作品に見られるように，互いに見つめ合うよりも，横に並んで庭の景色などを見ながら話すことが多い。

しかし，このことが日本人は自己主張しないとか，自己表現を行わないとか，また主体性を欠いていることを意味しない。それは，よい印象を獲得するという積極的・攻撃的自己表現というよりは，他者による「悪い印象」を回避するという消極的・防衛的な自己表現である。つまり，「消極的で控えめ」なのは自己表現のあり方である。

したがって，日本人の対人関係においては**相手の気持ちを察する**ことが重要な事柄となる。相手があまり語らず，それほど動か

ないので,ちょっとした言葉づかいや眼の動きを見逃してはならない。それを鋭くキャッチし,相手の心の内を推し量ることが必要である。

そして,**察し**においては相手の言ったこと,行ったことを額面どおりではなく,言葉や行為の裏の意味を推測する必要がある。外面にちょっと現れた言葉や行為でもって,相手の気持ち,意志,感情を深く理解する必要がある。それゆえ,相手が何も言わないから,また,少しも行動に表さないからといって,相手を問いつめてはいけない。相手がしゃべらないこと,行わないことの意味を理解しなければならない。そのような察しができると,気が利くとほめられ,逆に,それができないのは気の利かないこととされる。

もちろん,不十分な理解や察しの間違いもある。したがって,的確な察しができるまでにはある程度の長いつきあいと慣れが必要となる。このような察しはとくに公的場面では必要不可欠である。

私的場面では多弁である

しかし,他方,**私的場面**では日本人はかなりおしゃべりである。日本人は公的場面では沈黙を旨とするが,私的場面では多弁であり,ひっきりなしに話が続き,しかも,ダイナミックに展開している。

私的場面では,日本人の自己表現は決して消極的ではない。芳賀綏(はがやすし)によると,「『身内』での無責任な会話なら,日本人も決して消極的ではなかった」(芳賀[1979])。井上忠司によれば,日本人は「ミウチやナカマウチのあいだでは,柔和な表情をしてい

る」(井上 [1992])。日本人においては,自己表現に関して,公私の分離が明確になされている。しかも,「ホンネとタテマエ」「面従腹背」として,場面や状況によって使い分けることがしばしば行われている。

表現「作法」は遠回し

日本人の自己表現は,一般に,消極的で控えめであるといわれる。周囲に気兼ねして自己をはっきりと顕示しないのが,その特徴とされている。芳賀によると,日本人の表現心理は「語らぬ」「わからせぬ」「いたわる」「ひかえる」「修める」「ささやかな」「流れる」「まかせる」の文化からなっている(芳賀 [1979])。

また,バーンランドによると,日本人の表現構造は,アメリカ人に比べて,「遠慮がちで,警戒的」である。そして,開放的で率直というよりも,回避的で,とらえどころなく,沈黙を好むものとなっている(バーンランド [1979])。

日本人の言語表現の「作法」として,短く,無駄なく,簡潔に表現をすることが求められるとともに,**遠回しであいまいな表現法**を用いることが勧められる。「ノーと言わない日本人」といわれるように,「イエス」「ノー」をはっきりとさせず,間接的表現を用いたり,婉曲に述べたり,言葉尻を濁すことが当たり前とされる。そして,あいまいなジャパニーズ・スマイルで対応がなされる。

また,「何もございませんが」「粗末なものですが」「つまらないものですが」などの謙譲的表現がよくなされ,「突然のご指名にあずかり」「はなはだ簡単ですが」などの決まり文句がしばしば用いられる。自分はできるかぎり引き下がり,相手を立て,謙

遜の態度や謙譲の美徳を示す儀礼的な言語表現法が多く発達している。

　このように，日本人はストレートな自己表現法をできるだけ避け，抑制された間接的な自己表現を多く使用する。また，他者の態度や期待，世間の目に心を配り，あいまいな態度やぼかした表現を用いる。そして「できるかぎり控えめであれ」「感情をあまり表に出すな」「人前で決して涙を見せてはいけない」というような表現作法が存している。そしてまた，「ジロジロ見てはいけない」「見返してはならない」というような視線の作法が存在している。井上忠司は，このような日本人の視線の「作法」を「視線を避ける文化」と呼び，イタリア人やアラブ人などの「視線を合わす文化」と区別している（井上［1992］）。

> 抑制によって表現が豊かになされている

　けれども，他面において，日本人はかすかな動きでさえ意味を持つ表現法を多く発達させてきている。ちょっとした目の動き，細かい顔の表情，微妙なしぐさが自己表現メディアとしてふんだんに存在し，頻繁に用いられている。それゆえにこそ，内容的に細かく分けられた微妙な作法を多く生み出すことになる。日本人は，**微妙な動きによる豊かな表現**を行っている。

　そして，視線を避けるがゆえに，むしろ，微妙な目の動きが意味を持つようになる。日本人は，「視線の作法にことのほか神経を使い，視線の微妙な演技を日常化させてきた」（井上［1992］）。これはまさに**表現の抑制が生み出した結果**であると言える。視線の微妙な演技によって，日本人は積極的な自己主張をしてきている。

多田によれば，抑制が1つの自己主張であり，抑制できることがその人の価値の主張となる。そして抑制によってさまざまな自己表現が可能とされる（多田［1979］）。抑えた表現によって，かえって自己を強く主張できることにもなる。このような日本人の身振りのあり方は，まさに消極的・防衛的な自己表現の典型であると言える。

　そして，日本人の「いき」な表現とは決してストレートな自己表現ではなく，工夫をこらした演技の性格を有している。九鬼周造の指摘によると，「いき」は相手の注意を引くことと背くことというコケットリー（媚態）の二元性に抑制と節度を与えたものである（九鬼［1930, 1979］）。

　ものの言い方において，「一語を普通よりも長く引いて発音し，しかる後，急に抑揚を附けて言い切る」。また，薄化粧したり，姿勢を軽く崩したり，手を軽くしならせ，曲げたりするのが「いき」である。そして，顔の表情が「いき」であるには，ただ目をつぶったり，口をとがらせたりするのではなく，目，口，頬に弛緩と緊張がともにあるようにしなければならない。

　九鬼によると，「いき」であるためには，「眼が過去の潤いを想起させるだけの一種の光澤を帯び，瞳はかろらかな諦めと凜乎とした張りとを無言のうちに有力に語って」（九鬼［1930, 1979］）いなければならない。

　このような日本人のコミュニケーションの「作法」は，主として，公的場面において用いられるものである。しかし，他方，この「作法」は私的場面においては必ずしも適用されない。他人から見られず，世間の目が光っていないところでは無作法である。他の人が見ていないところでは，「旅の恥はかきすて」といわれ

るように，恥知らずな行為が少なくない。

　日本人の自己表現のあり方は，このようにきわめて複雑である。そして，日本人は一見自己表現を行わなかったり，自己主張を欠いているかのごとく見える。しかし，**消極的・防衛的であるのは，あくまで公的場面における自己表現の「作法」である**。自己主張それ自体や自己表現全体が消極的・防衛的なのではない。日本人において，内的に強烈な自己主張が存在することも少なくない。

　けれどもまた，消極的・防衛的な自己表現「作法」に適合しない自己主張は表面化されず，公的場面においては，積極的・攻撃的な自己主張は不可能とされ，また他者からも正当に評価されることがない。そして，むしろ，この消極的・防衛的「作法」に則って自己表現を行うかぎり，自己を強く主張でき，この「作法」に基づけば基づくほど，他者による十分な理解をうることができる。もちろん，このような自己表現のあり方も，世代によって差異が存在し，また時代の変化によって変容していくことはいうまでもない。

2 異文化コミュニケーション

異文化接触が増大している

　ここ数年，日本人は異文化に接する機会が飛躍的に増大した。それは，一方に，海外への観光，留学，勤務のチャンスが，これまでは個人的なもの，また少数エリートだけのものであったのが，集団的，大衆的なものに変わってきたことによる。そして，他方に，日本に外国人留学生，外国人労働者，外国人アーティス

ト，スポーツ・プレイヤーが数多く訪れたり，また国際結婚が急激に増加してきたことにもよっている。

国際化が，このように，外的にも内的にも量的に増大し，また質的にも変化した結果，さまざまなトラブルが多く発生してきている。個人的には精神的に不安定になったり，身体的に不調となったり，また社会的にはあつれきが発生したり，さらには国家間の経済的・政治的な関係の悪化が生じてきている。

このようなことの原因として，何よりも，日本人の**言語能力**，とりわけ**会話能力の不足**があげられる。加えてさらに，他国や他文化に関する**知識不足**があげられる。外国といっても，さまざまな国があり，ヨーロッパといっても，北と南，東と西ではかなり異なっているのに，日本人はそれらを一緒にして考えてしまっている。しかも，ステレオタイプ化したかたちでしか認識していない。

ここから，他国や他文化を正しく理解し，また自国や自文化を正当に評価してもらうために異文化コミュニケーションを積極的に展開する必要がある。**異文化コミュニケーション**とは，異なる文化に属する人々が言葉や身振りなどのシンボルを用いてコミュニケーションを行い，相互の理解を通じて新しいコミュニティを形成していくことである。

このような異文化コミュニケーションの展開は，まず，互いの文化の違いを認識することからはじめられる。そして，言語および言語以外のコミュニケーション・メディアの違いのみならず，コミュニケーション様式の違いもまた知っておく必要がある。

それぞれの文化において，言葉の使用に際してさまざまなジョーク，ウィット，レトリックが存在する。また，あいさつの仕方

図9-1 コミュニケーション文化

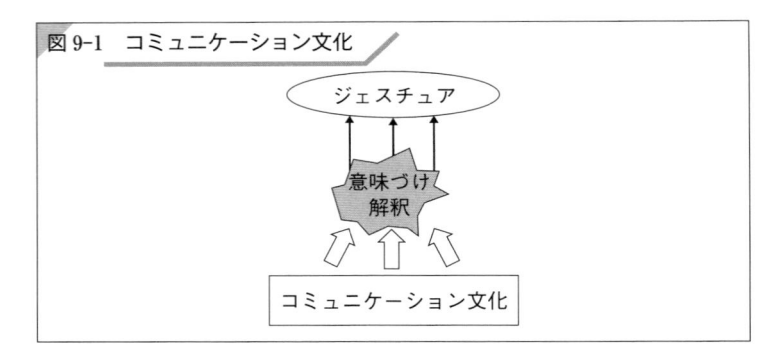

```
     ┌─────────────┐
     │  ジェスチュア  │
     └─────────────┘
          ↑ ↑ ↑
      ╔═══════╗
      ║ 意味づけ ║
      ║  解釈  ║
      ╚═══════╝
        ⇧ ⇧ ⇧
   ┌──────────────────┐
   │ コミュニケーション文化 │
   └──────────────────┘
```

も，日本人のお辞儀，アメリカ人の握手，ラテン・アメリカ人の抱擁，エスキモーの肩のたたき合いなど，多種多様である。また身体接触の程度に関しても，日本人は比較的少なく，アメリカ人は多い。しかし，アメリカ人も親しい人とは多いが，知らない人とは決して多くない。かえって，日本人の方が知らない人とも身体接触を多く行っている。

M. F. ヴァーガスのいうように，「人間誰しも目を開閉し，頭を振り，手や腕を動かすが，これらの動作による非言語メッセージは，文化形態により，社会により，それぞれ異なる」（ヴァーガス［1987］）のである。この違いの認識が不十分な場合は，誤解や行き違いが発生することになる。

コミュニケーション文化が異なる

他方，このようなコミュニケーション様式自体が受け手側において多様な受け取り方をされる。同じ様式でも違って受け取られる。そこに**受け手側の意味づけや解釈**が介在するからである（➡図9-1）。そして，野村雅一のいうように，「しぐさが現実において意味を持つとすれば，それは他者によって読まれ，意味

を付与される限りにおいてである」(野村［1983］)。

したがって,そのような意味づけや解釈の枠組みないし基盤となる**コミュニケーション文化の違い**を認識する必要がある。コミュニケーションは,送り手,受け手の文化的背景と強く関連しており,K.S.シタラムのいうように,「受け手の文化的価値やコミュニケーション技能を無視すると,送り手が意思疎通を成功させるのはむずかしくなる」(シタラム［1985］)。とりわけ,身振り,手振り,顔の表情などはコミュニケーション文化が深くかかわっており,それとの関連においてとらえなければ正しい理解は得られない。

たとえば,日本人は男とかボスを表すのに親指を立てるが,アメリカ人はそれを「すばらしい」ことと理解する。またアメリカ人はOKということで親指と人差し指で輪を作るが,日本人においては,それはお金の意味になり,フランス人の場合は,無価値を意味することが多い。地中海沿岸ではそれに卑猥な意味を持たせることがあるという。

アメリカ人は頭を左右に振ってノー,上下にうなずいてイエスを表わすが,インドのある地方では頭を左右に振ってイエス,上下にうなずいてノーを表わすという。そして,アラブ人が頭を振るとき,それはノーではなくイエスであり,ギリシャでは,頭をタテに振るのがイエスではなくノーを表わしている。

このように,コミュニケーション文化の差異を相互に認識する必要があり,それを知らないと,さまざまな誤解やあつれきを招くことになる。しかも,これらには人種,国家,階層,世代,性別などによる差異も存在しており,また時代による変化もあって,決して固定的なものではありえないことも了解しておく必要がある。

3 国際コミュニケーション

> 日本人は西洋文化指向である

わが国において、国際コミュニケーションは、これまで、情報の発信よりも**受信一方**であり、しかも、**西洋文化指向**であった。そして、西洋文化をモデルないし基準として日本文化をとらえ、それとの隔たりや後れとして自己を位置づけ、評価していた。とくに、西洋文化と比べて、日本文化は集団主義的であり、日本人には自律性、主体性がないとされた。

アメリカの文化人類学者 R. ベネディクトによると、日本の文化は「**恥の文化**」であり、西洋の「罪の文化」とは区別される（ベネディクト［1967］）。「罪の文化」は内面的な「罪」の自覚にもとづいて行為を行うのに対して、「恥の文化」は外面的「恥」にもとづいて行為を行う。「恥」は他人の批評に対する反応であり、日本人は他律的で、周りのことを気にしすぎ、自分がない、とされた。

このような指摘に対して、大半の日本人がこれをそのまま受け取り、西洋に対する劣等感を持ったり、あるいは過剰に西洋化しようとした。その際、他のアジアを蔑視し、西洋化に関してはかえって優越感を持つことが多かった。

そして、他方に、日本独自のものの発見・発掘につとめ、日本文化は「タコツボ型」（丸山真男［1961］）であるとか、「雑種文化」（加藤周一［1956］）であるとか、「タテ社会」（中根千枝［1967］）であるとか、「甘えの構造」（土居健郎［1971］）からなっ

ているとされた。さらには，わび，さび，茶道，華道，能，歌舞伎，義理人情などが特殊日本的なものとして強調され，しかも，それは日本人でなければ理解できないものといわれた。

しかし，国際化の急速な進行の中で，これまでの日本人の態度は変更が迫られている。現在の日本はアメリカ的日本，特殊日本的日本，アジアの中の日本であり，しかも，過去の歴史においては加害者であった日本である。このようなあいまいな性格を帯びた日本は，こんにち世界の人々に戸惑いと不安を与えている。それによって，孤立した日本となってしまう恐れがある。

新たな普遍性の形成を

青木保によると，わが国における国際化論には，2つの対立する意見が存在している（青木 [1990]）。1つは，日本と外国との文化的相違を強調して，日本文化の特質をふまえて，外国人や異文化との相互交流を行うべきと主張する立場である。もう1つは日本文化の特殊性を強調するのではなく，外国人に制度や組織も開放し，外国語と日本語との併用さえも認めようとする立場である。前者が鎖国論とするならば，後者は開国論である。

しかし，いずれの立場も内外から強く批判され，現実的解決を可能とするものではない。日本においては，何よりもまず，**欧米中心主義からの脱却**を図る必要性がある。そして，同時に**自文化中心主義から解放**されなければならない。

かつて，夏目漱石が述べたように，「西洋人と交際をする以上，日本本位ではどうしても旨く行きません。交際しなくても宜いといえばそれまでであるが，情けないかな交際しなければいられないのが日本の現状でありましょう」（夏目 [1978]）。そして，西洋

図9-2 日本人の国際化

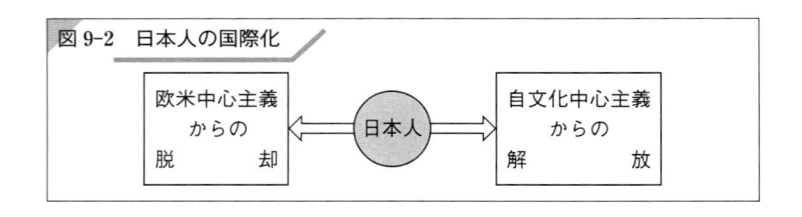

```
┌─────────────┐         ┌─────────────┐
│ 欧米中心主義 │         │ 自文化中心主義│
│   からの    │←─日本人─→│   からの    │
│   脱　却    │         │   解　放    │
└─────────────┘         └─────────────┘
```

人とだけではなく，東洋人，さらには世界全体の人間とも消極的ではなく，積極的に交際していく必要性が現在の日本人にあろう。

その場合，各国，各文化とは互いの独自性を認めて交流し，相互の理解を行い，新たな「**国際コミュニティ**」の形成を図らなければならない。そこに国際コミュニケーションの必要性が生まれる。そのためには，これまでのような一方的な受容的コミュニケーションではなく，**情報発信的コミュニケーション**を活発化して，相互的コミュニケーションを展開していくことが必要となる。

そして，国際コミュニケーションは，それぞれの文化の特殊性を強調するだけではなく，共通認識，共通理解を通じて，その間の共通性を見いだしていくことが必要となる。特殊性，個別性を超え，それを相対化した**新たな普遍主義**を確立していかなければならない。

もちろん，そこにおいてはすべての文化を同一化させるのではなく，異質性を認めるという多文化共生・共存が必要である。したがって，文化は画一化されるのではなく，それぞれの個性や独自性が尊重されることになる。そのうえで，普遍的なユニバース（世界）の形成がめざされるものとなる。

国際的コミュニケーションが積極的に展開され，そこから新たな情報の産出と新しいコミュニケーション文化の創造がなされ，そこにグローバルな「国際的コミュニティ」が生み出されること

になろう。

Reference 参考文献

青木保［1990］,『「日本文化論」の変容』中央公論社。
井上忠司［1992］,『まなざしの人間関係』講談社。
ヴァーガス, M.F.［1987］,『非言語コミュニケーション』石丸正訳, 新潮社（原著, 1987）。
加藤周一［1956］,『雑種文化』講談社。
金田一春彦［1975］,『日本人の言語表現』講談社。
九鬼周造［1930, 1979］,『「いき」の構造』岩波書店。
シタラム, K.S.［1985］,『異文化間コミュニケーション』御堂岡潔訳, 東京創元社（原著, 1976）。
多田道太郎［1979］,『しぐさの日本文化』角川書店。
土居健郎［1971］,『「甘え」の構造』弘文堂。
中根千枝［1967］,『タテ社会の人間関係』講談社。
夏目漱石［1978］,『私の個人主義』講談社。
野村雅一［1983］,『しぐさの世界』日本放送出版協会。
芳賀綏［1979］,『日本人の表現心理』中央公論社。
バーンランド, D.C.［1979］,『日本人の表現構造』西山千ほか訳, サイマル出版会（原著, 1975）。
ベネディクト, R.［1967］,『菊と刀』長谷川松治訳, 社会思想社（原著, 1946）。
丸山真男［1961］,『日本の思想』岩波書店。

第10章 高度情報社会のコミュニケーション

多くのマルチメディアを操る若者

1 高度情報社会のコミュニケーション

> 情報の量の増大，質の向上がめざされる

　高度情報社会においては，新聞，テレビ，ラジオ，雑誌などの既存のメディアに加えて，ワープロ，パソコン，ファクス，ビデオ，キャプテン，CATV，DVD，ブルーレイ・ディスクなどの新しいメディアが多く利用されてきている。

　そこでは，システム化やネットワーク化，あるいはオンライン化が推し進められ，さらには，LAN（Local Area Network），そしてINS（Information Network System）が形成される。そこから，コミュニケーションが正確，迅速，かつ効率的になされ，**情報量が飛躍的に増大する**とともに，**情報の質の向上**がなされ，またさまざまなサービスが新たに生み出されるようになってきている。

　たとえば，自治体行政においては，パソコンやワープロの導入，システム化，オンライン化，またキャプテン，VRS（Video Response System），ファクスの設置によって，事務処理が効率化され，住民登録や印鑑証明などの待ち時間の短縮化や届け出の利便化など，住民サービスの向上がなされている。

　産業の分野においては，コンピュータの導入やパソコン，ワープロの利用によって生産性の向上，コストダウン，効率化，迅速化がもたらされる。そして，ネットワーク化によって受発注，在庫などの管理が合理化され，さらに新製品の開発が促進される。

　流通業においては，VAN（Value-Added Network）の形成によって受発注の正確化や効率化がもたらされ，POS（Point of Sales）

の利用によって商品管理，売れ筋・死に筋商品の把握，レジ作業の省力化や迅速化が可能とされている。

地域においては，CATVやキャプテンなどの設置によって，地域に密着した情報が提供され，また，ファクスやデータ通信の利用によって，救急医療体制の充実や僻地の保健医療体制の確立，あるいは防災情報システムの形成がなされている。

そして，家庭においては，ワープロやパソコンの購入によって，手紙，日記，記録などの仕方が大幅に変更され，その活動が活発化され，またCATVの設置によって，ホームショッピング，ホームリザベーション，ホームバンキング，あるいは在宅勤務が実施されてきている。

このように，新しいメディアを利用して，行政，産業，地域，家庭の分野での情報化が推し進められ，それによって，社会の活性化とコミュニケーションの活発化がもたらされる。情報化は社会を変容させ，またコミュニケーションの新しい展開を行わせるものとなっている。

けれども，新しいメディアの出現がただちに社会の変容をもたらすとは限らない。そう考えるのはメディア史観，技術決定論的思考である。新しいメディアや技術はそれが社会に受け入れられないかぎり何の意味も持たず，いかなる効果も生み出さない。人々にとって必要とされ，社会において受け入れる条件が整っていないならば，新しいメディアも技術も無用の長物となってしまう。

一方に，人々においてそれを利用しようとする価値観が確立され，またその能力である**メディア・リテラシー**（メディアを用い，情報を受信・発信する能力，またメディアを批判的に読み解く能力）

が形成されるとともに，他方に，メディア自体が人々にとって利用しやすい**ユーザーフレンドリー**なものとなり，大きな効果を発揮するならば，社会的受容が急速に推し進められることになる。しかも，その導入が上から，一方的になされるのではなく，**下から，共同的**になされるならば，情報化のスムーズな展開が可能とされる。

　以上のことは，しかし，新しいメディアの利用による情報化を通じて，社会の効率化，合理化，利便化，あるいはサービスの向上がもたらされることを主としてめざしたものである。したがって，それはコミュニケーションとそのメディアを目的達成のための手段として**インストルメンタルに利用**しようとするものである。

| 情報，コミュニケーション自体の重視へ |

　けれども，高度情報社会においては，なによりも，**情報そのもの，コミュニケーションそれ自体を重視**する必要がある。高度情報化によってたんに情報の量的増加や伝達の高速化だけでなく，情報とコミュニケーションのあり方に質的変化がもたらされなければならない。それによって，新しい情報が生み出され，新しいコミュニケーションが展開されることになる。

　CATVや衛星放送などの多チャンネル化，またインターネットなどのネットワーク化によって，情報が豊富に提供される。その中にはマス・メディア情報，大都市情報だけではなく，専門情報や地域情報も含まれている。また，グローバルな世界の情報も含まれ，人々のコミュニケーションの範囲が大幅に拡大される。

　しかし，これらの情報には人々にとって不必要な情報が多く入り込んでいる。そして，情報があまりにも過剰になると，ひとは

コミュニケーションに関してかえって消極的・受動的となってしまう。したがって、その場合は人々による**情報の主体的な選択**が必要とされる。

そして、人々は情報をたんに受信するだけの存在ではない。そのかぎりでは、そこで行われるコミュニケーションのあり方は、従来のマス・コミュニケーションと何ら変わらない一方的、受動的なものとなる。コミュニケーションには、しかし、さらに、もう1つの側面である**情報発信コミュニケーション**も存在している。

高度情報社会では、このような情報発信の側面が大幅に可能とされる。CATVやインターネットをはじめとする新しいメディアは双方向機能を備えている。そのことによって、人々はたんに情報を受信するだけではなく、情報をみずから発信でき、**双方向のコミュニケーション**を展開しうることになる。

この双方向コミュニケーションは上下のタテのコミュニケーションではなく、人々が自由に情報をやりとりできるヨコのコミュニケーションである。また、双方向コミュニケーションにおいては、情報の伝達に加えて、情報の蓄積や加工が行われ、そこから新たな情報の創造がなされるようになる。マルチメディアによるバーチャル・リアリティの形成はこのようなことを可能とさせるであろう。

マルチメディアの時代となる

時代はいまやマルチメディアの時代であるといわれる。西垣通によると、「マルチメディアは情報産業の輝くエースであり、沈滞した経済を一挙に活性化するポテンシャルをもっている」(西垣［1994］)。1993年にこのようなマルチメディアにもと

づく「**情報スーパーハイウェー**」構想がアメリカ合衆国クリントン政権のゴア副大統領によって提唱され，マルチメディア・フィーバーが生じた。

　マルチメディアとは，放送と通信の融合のみならず，電話，テレビゲーム，映画など複数のメディアを結びつけ，文字，画像，音声，映像を統一的に処理できるものである。そして，それはまた，情報を自由に加工し，構成し，発信できるメディアである。

　マルチメディアといえば，CATV，CD-ROM，DVD，ブルーレイ・ディスクなどがあげられる。このうち，**CATV**は同軸ケーブルあるいは光ファイバーによる双方向機能を備えており，それによってビデオ・オン・デマンド，ニュース・オン・デマンド，テレビゲーム，ホームショッピング，ホームカラオケ，ホームバンキング，ホームヘルスケア，ホームインストラクション，ホームリザベーションなどが可能とされるからである。

「地図にないコミュニティ」を形成する

　このようなマルチメディアによって，第1に，人々のコミュニケーションのあり方が**空間的・時間的に拡大**される。マルチメディアはネットワーク化によって，空間的にその範囲を拡大し，また情報の蓄積・加工機能によって，時間的に押し広げる。マルチメディア・コミュニケーションは時空を乗り越えたコミュニケーションである。

　第2に，人々のコミュニケーションはマルチメディアによって**双方向化**が可能とされる。マルチメディアにおいては，受け手自身がコンピュータを使って情報を発信でき，情報の受け手が同時に送り手であるコミュニケーションが展開される。マルチメディ

ア・コミュニケーションは双方向のコミュニケーションである。

したがって,第3に,マルチメディアによって**下からのコミュニケーション**が可能とされる。マルチメディアは上からのマス・メディアとは異なり,人々の手による「草の根コミュニケーション」のメディアである。マルチメディアはカウンターカルチュアや住民運動などにおいて積極的に利用されているといわれる。

そして,第4に,コミュニケーションはマルチメディアによって**バーチャル・リアリティ**の形成を可能とされる。バーチャル・リアリティとは,現実には存在しえない環境をあたかも存在するかのように感じさせる世界である。それはマルチメディア技術を基盤にして作られた「電子化された世界」である。

バーチャル・リアリティには臨場感や奥行き感があり,そこに入り込むと,あたかも実際にそこにいるかのように「体験」ができる。それは「われわれが招待されている知的な饗宴であり,自由に探検できる知的なフロンティア」(クルーガー［1991］)である。マルチメディアはもう1つのリアリティにおけるコミュニケーションを可能とさせる。

そして,このようなコミュニケーションを通じて「**マルチメディア・コミュニティ**」が生み出される。このコミュニティにおいては,コミュニケーションを行う人々が必ずしも同じ場所にいる必要がない。「マルチメディア・コミュニティ」は空間の共通性よりも情報の共有性によって形成される。したがって,それは「地図にないコミュニティ」(ガンパート［1990］)である。

「マルチメディア・コミュニティ」においては,人々は「思い思いの自己演出を楽しむ。距離や時間の制約が少ない自由空間で活動する。仕事でも交流でも,多くの不自由を克服できる」(江

下［1994］)。「マルチメディア・コミュニティ」は実際のコミュニティとは異なるもう1つのコミュニティである。もちろん，このコミュニティは実際のコミュニティとのズレや対立を生むという問題も有している。

2 電子コミュニケーション

電子コミュニケーションが進む

電子コミュニケーションとは，パソコン，ワープロ，ファクス，テレビゲーム，CATVのような電子メディアを用いて行われるコミュニケーションのことである。それには，電子メディアそのものとのコミュニケーションと電子メディアを通じての人間同士のコミュニケーションの2つが存在している。

このような電子コミュニケーションにおいては，第1に，人々が情報の受信のみならず，ホストを介して，あるいはホストを介することなく自由に，コミュニケーションに参加することができる。つまり，電子コミュニケーションは**双方向性**を有している。

第2に，電子コミュニケーションはいつでもどこでも発信することができ，また受信することができる。電子メディアの持つ蓄積や保存の機能によって，相手がそこにいようがいまいが，また朝早くても夜遅くても，時間に関係なくコミュニケーションすることが可能である。つまり，電子コミュニケーションは非同期性を特徴としている。

第3に，電子コミュニケーションはネットワーク性を特徴とする。それは未知の人，不特定多数と共通の関心や趣味をきっかけ

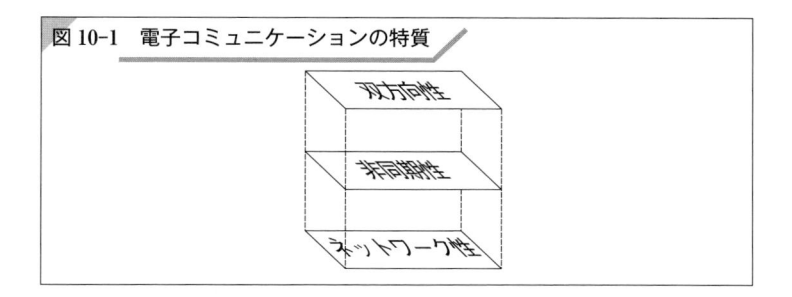

図 10-1　電子コミュニケーションの特質

（図：双方向性／非同期性／ネットワーク性）

にコミュニケーションを展開させる。情報を縁として，情報を媒介としたコミュニティの形成が行われる。しかも，それは電子コミュニケーション内部でのみならず，その外部において新しいコミュニティの形成がなされる。電子メディアがオフラインになったときにもコミュニケーションが継続し，「オフライン・コミュニティ」が生み出されることもある。

しかし，このような電子コミュニケーションは，他方で，人々を発信型よりも受信型のコミュニケーションにとどめたり，未知の人とのコミュニケーションに参加することに気後れを感じさせたりする。また，自分が送信した情報が相手に受け取られたのかどうか確認しにくくなっている。

電子メール・コミュニケーションが展開する

他方，電子コミュニケーションにおいて，より積極的な送信型のコミュニケーションとして**電子メール**（E-mail）があげられる。

電子メールとは，コンピュータのデータ処理技術によって，「文章を書く」「投函する」「受け取る」「読む」をコンピュータ上で行うという「**電子化した手紙**」である。しかも，それは速く簡

単で,しかも経済的である。

　そして,発信されたメッセージはメールサーバーのメールボックスにいったん保存され,それを受取人は必要に応じて読み出すことができる。したがって,受取人がそこにいなくても,メッセージは送り届けられる。そして,受取人は返事を送る,削除する,転送する,保存する,印刷するなどを自由に行える。電子メールは送りたいときに送り,読みたいときに読める非同期型のコミュニケーションである。

　このような電子メールは,文字を主な媒体とすることから,性別,年齢,社会的地位などの個人属性から解放されたコミュニケーションを展開できる。しかも,電子メールはたんなる情報入手ではなく,情報発信も行える双方向コミュニケーションを可能とさせる。そしてさらに,それは日本全国に,そしてインターネットを通じて世界各地に広がったコミュニケーションを行わせるものとなっている。

3 インターネット・コミュニケーション

インターネットが広がる

　インターネットはその名のとおり,ネットワークのネットワークであり,世界中の人々と直接にコミュニケーションをすることができるものである。人々はインターネットによって世界の情報の収集,受信,そして利用が自由自在に可能である。WWW(World Wide Web)のホームページによって世界的規模での情報発信と情報検索が可能であり,テルネット(Telnet)に

よってデータベースや図書館情報を手に入れることができ，またファイル転送（FTP）によってアプリケーションやデータを共有することができるようになる。

インターネットは**情報の宝庫**であり，そこでは政治，経済，社会，文化，科学，技術，スポーツ，趣味・娯楽など，あらゆる領域の情報が満ちあふれている。人々は世界のニュースや知識など，さまざまな情報を広範囲に，しかも瞬時に獲得することができる。インターネットの主な意義のひとつは誰もが世界情報に自由に接近可能となることである。

しかしまた，そこでは情報量があまりにも膨大であるために，情報の大海に飲み込まれ，人々は必要情報を手に入れるのに時間がかかってしまうようになる。インターネットにおいては不必要な情報が数多く存在しており，それは**ゴミの山**ともなる。また，長時間にわたってネット閲覧を行い，パソコンを離れることのないヘビーユーザーも出てきており，「**強迫的過剰利用**」（ウォレス [2001]）のインターネット依存症となる人も少なくない。

そこで，多くの情報の中から必要と思われる情報を検索できる手立てが必要となる。現在，このような情報のネット検索において，グーグル（Google），ヤフー（Yahoo!）とマイクロソフト（Microsoft）などの**検索エンジン**が多く用いられてきている。

これらの検索エンジンはウェブ上の情報を収集し，整理し，体系化して，人々が情報にすばやく容易にアクセスできるようにしている。人々がパソコンにキーワードを入れ，検索ボタンをクリックすれば，テキスト，イメージ，画像，音声，動画など，必要な情報を容易に入れることができる。このような検索エンジンはまた，人々が情報の提供に参加できる開放性をもち，また情報を

Material ⑯

　故郷。
　故郷は BAMA, 《スプロール》, ボストン=アトランタ・メトロポリタン軸帯。
　データ交換の頻度を表示する地図をプログラムしてみよう。巨大なスクリーン上のひとつの画素(ピクセル)が千メガバイトを表わす。マンハッタンとアトランタは純白に燃え上がる。それから脈打ちはじめる。通信量(トラフィック)のあまり, この模擬実験(シミュレーション)が過負荷になりかけているのだ。地図が新星化してしまう。ちょっと落とそう。比率を上げてみる。画素(ピクセル)あたり百万メガバイト。これを毎秒一億メガバイトにすると, ようやくマンハッタン中央部のいくつかの区画(ブロック)や, アトランタの古い中核を取り巻く百年来の工業団地の輪郭が見えてくる――

　ケイスは空港という夢から目醒めた。モリイの黒革が先立って, 成田(ナリタ)の, スキポールの, オルリーの, コンコースを抜ける夢――ケイス自身がどこかのキオスクで, デンマーク産ウオッカのプラスティック携帯瓶(フラスク)を買うのを見た。夜明けの一時間前だった。
　　　　(W. ギブスン『ニューロマンサー』75 頁〔黒丸尚訳, 早川書房, 1986 年〕)

いつでも更新や修正できるという流動性を備えている。

　しかしまた, ここで検索された情報内容が必ずしも適切でない場合も少なくない。情報が誤っていたり, 不十分であったり, また一方的な内容となっているものも多くある。何よりも, その情報は機械的な情報処理によって提供されたものであり, 現実から直接導き出されたものでは必ずしもない。そこでの情報はコンテキストを無視し, 人々の意味付けや意味解釈を含んでいない。したがって, 西垣通によれば,「検索サイトの情報から基本的な文章のアイデアを得られること」はなく,「思考のフレームワークをつくるためにはあまり向いていない」ものである（西垣

[2007])。

インターネット上にある情報を単にコピペ（コピー・アンド・ペースト）でレポートを作成するのに利用するだけではなく、より積極的な活用をするためには、まずもって、**情報を意味づけ、解釈する枠組みを形作り、得られた情報を修正・変更し、それらを再構成する能力**を身につけることが必要となる。

| 自己発信コミュニケーションが活発化する |

インターネットのもうひとつの意義は、人々が情報を自由に発信でき、世界的規模のコミュニケーションにダイレクトに参加できることである。これまでは情報を入手したり、データベースを利用したりする受信型のコミュニケーションが多かったが、こんにち、より積極的に自ら情報を生み出す**発信型のコミュニケーション**が次第に増えてきている。

いまや、単に情報を受信するだけの**ウェブ 1.0 世代**から、自発的に情報を発信したり、投稿したりする能動的な発信者である**ウェブ 2.0 世代**に流れが次第に移ってきている（梅田［2006］）。ウェブ 2.0 世代は電子メールに加えて、ブログや SNS などを通じて情報を発信するコミュニケーションを積極的に展開するようになっている。

電子メールによって、人々は情報を自由に発信し、世界的コミュニケーションに参加し、世界中の人々との双方向コミュニケーションを行えるようになる。ケータイを通じてのインターネット接続はこのことをいっそう容易にしている。また、**ブログ**（Blog）によって、自己の情報を広く発信できるようになっている。ブログとはウェブとログを結びつけたウェブログ（Weblog）のことで

Material 17

ブログ「もう1つの庭」

　ブログを始めて半年が過ぎた。20年来の友人は，最初，大反対した。息子さんが通う中学でプロフ（自己紹介サイト）が大問題となっているとのことで，最後は叱責（しっせき）の口調だった。

　他人に自分の生活を知らせなくてもいいでしょ，用事があったら直接電話したり，話したりすればいいんだから，という友人の言葉は間違いではない。

　だが，記憶からこぼれ落ちそうな景色や言葉や気持ちを，メモの感覚で文章にすることで，私は自分の日常を丁寧に味わうようになったのである。

　息子の言葉，育てているミニトマトや朝顔，ひまわりなどの園芸の記録，空模様，きれいな満月，私の大好きな食に関すること。そんなささやかな記事に，さまざまな地域，年代，職業の方が，共感やアドバイスを寄せてくれる。一つの記事から，たくさんの枝葉や花や実が生まれていく。ブログは私のもう一つの庭のようだと思う。

　また，ブログを始める前には思ってもみなかった効用がある。以前と比べて，生活を積極的につくり出そうという気持ちがわくようになった。漫然とした暮らしの中に，ピカッと光るものはないかと，宝探しをしているようだ。

　友人に，ブログはそんなに悪いモノじゃないよ，とそろそろ電話してみようかなと思っている。

　　　　　　　　　　　　　　　　　　　（盛岡市　パート45歳）
　　　　　　　　　　　　　　　　　（『朝日新聞』2009年7月31日朝刊）

あり，ウェブ上に自分の日記，日誌，エッセイ，意見，絵画，イラスト，写真，グルメ，音楽，スポーツなどの情報を時系列的に掲載するサイト（情報が蓄積されているサーバー）を指している。

　人々がブログを開設する動機として，総務省の調査では，自己

図 10-2　ブログ開設の動機

		割合(%)
自己表現	自己表現やストレス解消など日記的に利用する	(31)
コミュニティの形成	子育てなどのコミュニケーションを行う	(26)
社会貢献	自分の知識を発信して医療, 介護などを行う	(8)
収益目的	経済的収益を重視する	(10)
アーカイブ	自分の情報を整理・蓄積する	(25)

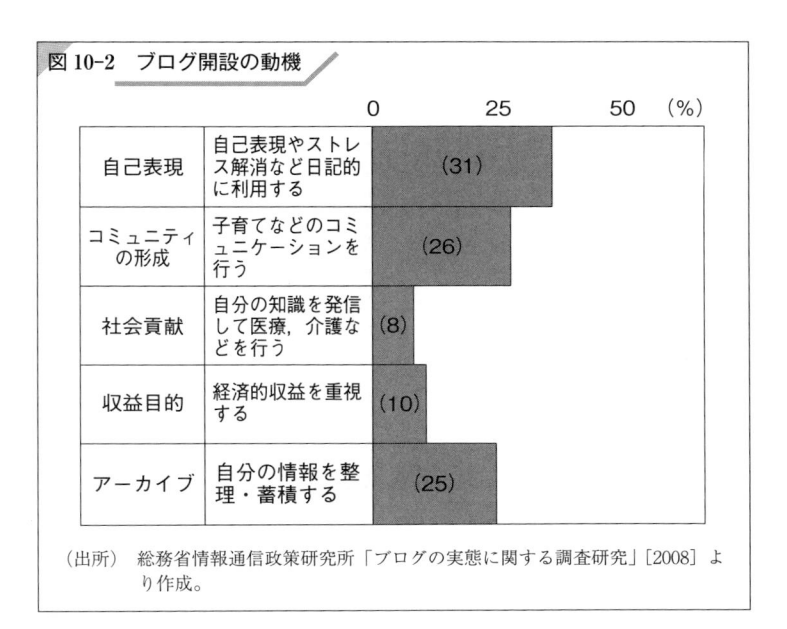

(出所)　総務省情報通信政策研究所「ブログの実態に関する調査研究」[2008] より作成。

表現やストレス解消など日記的に利用する「自己表現」, 子育てなどのコミュニケーションを行う「コミュニティの形成」, 自分の情報を整理・蓄積する「アーカイブ」, 経済的収益を重視する「収益目的」, 自分の知識を発信して医療, 介護などを行う「社会貢献」などが多くあげられている (➡図 10-2)。2008 年 7 月現在, 国内のブログ総数は 1690 万とされている。

このブログにおいて, 人々はリアルタイムで情報の発信が可能であり, しかも, いつでも内容の変更や追加を行うことができ, また, 新しい情報を提供することが可能である。ブログは人々の自己表現の場を大幅に拡大させ, 発信型のコミュニケーションを飛躍的に増大させている。

2004 年 10 月実施の goo リサーチの「Blog に関する調査」に

よると，ブログの利用者としては，20代が最も多く，ついで30代，そして10代が多い。ブログの内容としては生活一般が半数近くを占め，ついでコンピュータ・インターネットや映画・音楽も多くなっている。

　ブログは他の人に見られることが前提とされている。ブログにおいては私的，個人的情報が**ネット上に公開**される。公開によって，日記などが世界中の不特定多数の人々によって見られ，聞かれるようになる。また，ブログにおいては**コメントやトラックバック**（track back）（相手に対してリンクを張ったことを通知すること）を通じて，他の人々の意見や感想をもらうことができる。そこでは双方向のコミュニケーションが展開されることになる。そして，そのコミュニケーションは年齢，性別，職業を超えたフラットなコミュニケーションとなっている。

　ブログにおいて，これまで知らなかった人との出会いが生まれ，交流が始まり，思考や感情が共有され，連帯感が生み出されるようになる。阪神・淡路大震災や同時多発テロの発生時において，ブログに書き込まれた安否情報や復旧・復興情報は被害者に大変役立つものとなり，また支援活動や共同行動を生み出すきっかけともなっている。

　ブログはまた，自分を確認する場ともなっている。ブログに日記や意見を載せることによって，その反応として多様な人々の認識・評価・感情を知るようになり，それを通じて自己を認識し，評価し，感情を有することができるようになる。そこから，**自我の多様化，流動化**が生み出され，**新たな自我の創発**がなされうるようにもなる。

　このようなブログは，しかし，他方に，種々の問題を生み出し

Material ⑱

「しょこたんぶろぐ」
©2009 ワタナベエンターテインメント

ている。ブログでの仲間とのやりとりに熱中しすぎると、自分を見失ってしまう恐れが生じる。また、不特定多数に公開されることから、情報内容が一人歩きして、誤解や個人攻撃を招いたり、誹謗中傷やプライバシー侵害を受けたりするようになる。また、トラックバック・スパム（無関係のログ）にさらされてしまうことも少なくない。

　SNSにおいて、人々は自分専用のページを持ち、プロフィールや写真、また、意見、思考、経験などを公開し、他の会員とコ

ミュニケーションすることができる。SNSとは**ソーシャル・ネットワーキング・サービス**（Social Networking Service）のことであり，インターネット上で人々のつながりを作る会員制のネットコミュニティを指している。人々はそこにおいて自分の存在をアピールし，他の人々とのつながりを拡げていくことが可能になる。SNSもまた，自己を積極的に発信しようとするものとなっている。

SNSは，2002年頃にアメリカのスタンフォード大学の卒業生による「フレンドスター」（Friendster）の立ち上げから本格的な普及が始まった。現在は「マイスペース」（MySpace），「フェイスブック」（Facebook），「ツイッター」（Twitter），「ユーチューブ」（YouTube）などが存在している。

わが国では2004年に「ミクシィ」（mixi）が開設されている。「ミクシィ」のユーザーは平成21（2009）年3月現在，20～30代前半を中心に，1683万人となっている。そこにおいて，人々はプロフィールを書き，日記やアルバムを載せ，他の人とコミュニケーションを行い，コミュニティを形成したり，プロジェクトを企画したりしている。「ミクシィ」のコンセプトは身近な人や趣味・興味が同じ人との交流で居心地のいいサイトを目指すこととなっている。

SNSには，このほか，友だちとの情報の共有を楽しむ「グリー」（GREE），自己紹介ページを作成する「前略プロフィール」，ゲームの配信を軸とした「モバゲー」，生活情報を中心とした「gooホーム」，10代向けの情報交換・交流を目的とした「ふみコミュニティ」，動画を配信・共有する「ニコニコ動画」などがある。また，子育て，買い物，趣味，ビジネス，スポーツ，音楽，医療・福祉などに関するSNSなど，多く存在している。

Material 19

ニュースがわからん！
ネットで人気のツイッターって何？

投稿はメモ感覚。返信・検索機能で情報を共有

ツイッターの仕組み（自分のページ）
twitter
お盆の渋滞はすごいね（140字以内）　残りの文字数 130
投稿する　自分の投稿
taro コーヒーおいしいなぁ…
aoki 飛行機事故だっ!!
whitehouse Obama on China
投稿　友だち　ホワイトハウス　事故現場
The Asahi Shimbun

アウルさん 「ツイッター」が3年前に始まった「ツイッター」っていうネットのサービスが人気なんですって？

A ブログの一種で簡単にネット発信ができる。だけど一度に書き込めるのは140字まで。ミニブログとも呼ばれる。米国のベンチャー企業そんな「つぶやき」を、思いつくまま書き込むんだ。気になる相手を追いかけたいとき機能に先駆けて、ツイッターは「フォロー（追跡）」機関の写真共有サービスで投稿したという。6月の米歌手マイケル・ジャクソンさん急死の時は、毎分数千という書き込みが殺到した。

A どんなことに使うの？

A ツイッターは英語で「さえずり」の意味。「ヒマだよ」とか「仕事中」だとか、知り合いでも有名人でも、そのつぶやきを時系列で表示できるし、メールのように返信もできる。

ア 人気の秘密は？

A メモのような手軽さだね。同社のサイトにアクセスし、ユーザー名とパスワードを決めて自分専用のページをつくれば投稿も簡単。投稿されたつぶやきをキーワードで検索することもできる。携帯電話からの投稿も簡単。

ア つぶやきサービス？

A そうとも言えないね。6月のイラン大統領選後の混乱の中、市民が当局の規制をかいくぐり、ツイッターで集会の情報などを発信して注目を集めた。オバマ米大統領は昨年の大統領選でツイッターを活用したし、ホワイトハウスも情報発信に使っている。

ア トラブルはないの？

A 今月6日にはサイバー攻撃の標的にされて、一時的に使えなくなった。不正侵入やりすまし、リンクを悪用したコンピューターウイルス感染など、安全面の問題を指摘する声も上がっているね。

ア 日本での利用は？

A 昨年6月の秋葉原無差別殺傷事件の時にも、現場の状況がツイッターの投稿で発信されていたし、政治家やジャーナリストにも、ツイッターで発信するようになった。これからもまだまだ新しいメディアの使い方が出てくるかも知れないね。

（平和博）

〈2009・8・15〉

（朝日新聞 2009年8月15日）

Material ⑳

(提供　株式会社ミクシィ)

> 情報コミュニティが形成される

　こんにち，コミュニティといった場合，それは**情報コミュニティ**を指すともいわれる。情報コミュニティとはインターネット上のコミュニティなどの電子コミュニティを表わしている。そこでは**情報の受信**のみならず**情報の発信**がなされ，双方向のコミュニケーションが展開されている。具体的には，電子メールやホームページ，チャットやニュース，また電子掲示板や電子会議室，そしてブログやSNSなどにより作り上げられるコミュニティがある。

　この情報コミュニティは物理的空間である場所の共有に基づく

コミュニティではなく，関心や知識などの情報の共有にもとづくコミュニティである。それは地縁ではなく，**情報縁**によるコミュニティとなっている。したがって，情報コミュニティにおいては人々が同じ場所にいる必要がなく，「**地図にないコミュニティ**」（ガンパート［1990］）となっている。

このような情報コミュニティにおいては，人々のかかわりがフェース・トゥ・フェースの直接的関係から，メディアを媒介とした間接的関係となっている。そのことによって，コミュニティの範囲が広げられ，地球規模に拡大されて，グローバル・コミュニティ・コミュニケーションの展開を促進するようにもなっている。

この情報コミュニティへの参加・加入に特別の制約はない。また，そこでは情報内容の価値以外には，人々のあり方が左右されず，性別，年齢，社会的地位などの社会的バリアーから解放されている。情報コミュニティでは上下のタテの関係はなく，互いに自由にやりとりできるヨコの関係が生み出されている。そして，コミュニティ住民の間のコミュニケーションは一方通行ではなく，双方向のコミュニケーションとなっている。さらには，情報の伝達に加えて，情報の蓄積や加工が行われ，そこから新たな情報の創造がなされうるようになっている。

情報コミュニティは何よりも**バーチャル・コミュニティ**である。バーチャル・コミュニティとはリアルな環境世界をシミュレートすることを通じて作り出された世界であり，それはH.ラインゴールド★によると，「インターネットから生成される社会的な総和で，ある程度の数の人々が人間としての感情を十分にもって，時間をたっぷりかけてオープンな議論を尽くし，サイバースペースにおいてパーソナルな人間関係の網をつくろうとしたときに実

現されるもの」(ラインゴールド[1995])である。

　人々はそこにおいてリアリティを自由に選択し，組み替え，再編成し，独自なリアリティを構成することができる。そこでのコミュニケーションは人が環境世界に対して主体的に行動し，環境がそれに反応して変化するという双方向性をもっている。そこから，**リアリティの再構成**も可能である。そして，バーチャルな自我も生み出され，みずからの自我が多元化され，多様化され，新しい自我形成がなされうるようになる。

　そして，このような情報コミュニティは**地域コミュニティ**を補強できる。住民の交流や子育て，医療や介護，そして災害などに関する情報を提供したり，また，相互扶助や支援のネットワークを新たに構築するようになる。

　現在，わが国において自治体や住民組織によって運用されている市民電子会議室や電子町内会などの情報コミュニティは，住民に情報を知らせ，住民の声を反映し，情報の共有を行い，住民同士の意見交換がなされ，コミュニティの新たな創造への道を開くことを目的としている。

　また，住民の交流や子育て，医療や介護，災害時の支援などを目的とする情報コミュニティは，相互扶助のネットワークを構築し，ボランティアの参加などを可能とさせるようになっている。情報コミュニティは，また，人々の出会いや交流の場所ともなり，

★ラインゴールド
Rheingold, H. (1947-)　インターネット，ケータイ，ブログ，バーチャル・コミュニティの研究者。著書に『バーチャル・リアリズム』(1991)，『バーチャル・コミュニティ』(1993)，『スマートモブズ』(2000)などがある。

そこにおいておしゃべりなどをして,一体感や連帯感を持つようにもなっている(船津・浅川［2006］)。

蛮族社会を迎える？ けれども,他方では,情報コミュニティにおいては利便化,効率化,画一化が過度に押し進められたり,プライバシーの侵害などによって住民の間に摩擦が生じたり,さらには,温かい人間的つながりや共同性が失われてしまうおそれも生じている。

また,情報コミュニティが人々の自由選択に基づくものであることから,不安定で壊れやすいコミュニティともなっている。とりわけ,ハンドルネームの使用によって匿名性が確保されることによって,リアリティからの離脱がもたらされる。そこから,本来の自分とは別人になり,非社会的あるいは反社会的となったり,また,無責任になって感情的に相手を激しく攻撃する「**フレーミング**」(炎上)が引き起こされたりする。

あるいは,情報コミュニティにおいては,プライバシーの侵害など,相手を傷つけたり,だましたりする「**ネット・ハラスメント**」も十分起こりうる。そしてまた,現実世界では違法である詐欺や悪徳商法などの犯罪的行為がまかり通ることがある。さらには,ハッカーのウイルスによるサイバー・テロによって世界的規模の損害を生み出す危険性も存在している。

このように,情報コミュニティでは温かい人間的つながりやコミュニティ感覚が失われ,責任感や倫理観が衰えてしまう恐れがある。それによって,人と人とのふれあいが減少したり,また希薄化したりするようになる。M.ハイム★によれば,「インターナショナル・グローバル・ヴィレッジは空前の蛮族社会を迎える役

目を果たすことになるかもしれない」(ハイム [1995])。

また，ラインゴールドが指摘するように，メディアでつながった見知らぬもの同士の「**スマートジョブズ**」が集合化して，暴徒と化し，暴虐の限りを尽くすようになったり，あるいはまた，自由とプライバシーを侵害する相互監視や統制の社会を生み出すことになってしまう(ラインゴールド [2003])。情報コミュニティの未来をそう楽観的に語ることはできないようである。

このような事態の発生を避け，共通の目的のためにグループを形成し，互いに協力しながら新しい秩序を創発するような「スマートジョブズ」を生み出すためにも，情報コミュニティはモノのコミュニティではなく，ヒトとヒトのコミュニティとして展開されるべきことになる。

そこにおいては**目的合理性**ではなく，**コミュニケーション合理性**がその構成原理とならなければならない。目的合理性とは，J. ハーバーマスによると，産業や生産中心の経済効率の合理性を意味しており，いわゆるモノの合理性に当たり，コミュニケーション合理性とは人間同士のヨコのつながりの合理性である。このコミュニケーション合理性によって，人々の相互の理解と合意が形成され，行為の調整が行われるようになる(ハーバーマス [1985-87])。

このようなコミュニケーション合理性にもとづく情報コミュニティにおいては，情報伝達の効率性よりも，意味の共有性が重視

★ハイム

Heim, M. (1944-) バーチャル・リアリズムの研究者。著書に『仮想現実のメタフィジックス』(1993)，『バーチャル・リアリズム』(1998) などがある。

されることになる。そして，普遍的なコンセンサスのみを求めるものではなく，ローカルな合理性を認めるものでもある。さらに，それは固定した堅い合理性ではなく，状況に対して柔軟に対処できる「**柔らかい合理性**」でもある。このような柔らかいコミュニケーション合理性に基づくことによって，新たなコミュニティが構築され，新たなコミュニケーションが展開されることになろう。

Reference 参考文献

池田謙一編 [2005]，『インターネット・コミュニティと日常世界』誠信書房。

ウォレス，P. [2001]，『インターネットの心理学』川浦康至ほか訳，NTT 出版（原著，1999）。

梅田望夫 [2006]，『ウェブ進化論』ちくま新書。

江下雅之 [1994]，『ネットワーク社会——パソコン通信が築くコミュニティ』丸善ライブラリー。

金子郁容，藤沢市市民電子会議室運営委員会 [2004]，『e デモクラシーへの挑戦』岩波書店。

ガンパート，G. [1990]，『メディアの時代』石丸正訳，新潮社（原著，1987）。

クルーガー，M. W. [1991]『人工現実——インタラクティブ・メディアの展開』下野隆生訳，トッパン（原著，1983）。

ジョインソン，A. N. [2004]，『インターネットにおける行動と心理』三浦麻子ほか訳，北大路書房（原著，2003）。

西垣通 [1994]，『マルチメディア』岩波書店。

西垣通 [2007]，『ウェブ社会をどう生きるか』岩波書店。

ハイム，M. [1995]，『仮想現実のメタフィジックス』田畑暁生訳，岩波書店（原著，1993）。

ハイム, M. [2004],『バーチャル・リアリズム』小沢元彦訳, 三交社（原著, 1998）。

橋元良明編 [2008],『メディア・コミュニケーション学』大修館書店。

ハーバーマス, J. [1985-87],『コミュニケイション的行為の理論』上・中・下, 河上倫逸ほか訳, 未來社（原著, 1981）

廣井脩・船津衛編 [2000],『情報通信と社会心理』北樹出版。

船津衛 [2006],『コミュニケーションと社会心理』北樹出版。

船津衛・浅川達人 [2006],『現代コミュニティ論』放送大学教育振興会。

三浦麻子ほか編 [2009],『インターネット心理学のフロンティア』誠信書房。

三村忠史・倉又俊夫 [2009],『デジタルネイティブ』日本放送出版協会。

山下清美ほか [2005],『ウェブログの心理学』NTT出版。

湯川鶴章 [2007],『爆発するソーシャルメディア』ソフトバンククリエイティブ。

吉井博明 [2000],『情報のエコロジー』北樹出版。

ラインゴールド, H. [1995],『バーチャル・コミュニティ』会津泉訳, 三田出版会（原著, 1993）。

ラインゴールド, H. [2003],『スマートモブズ』公文俊平・会津泉訳, NTT出版（原著, 2002）。

渡辺潤 [1989],『メディアのミクロ社会学』筑摩書房。

事項索引

◆アルファベット

CATV　5, 127, 128, 130, 133-141, 173, 174, 188, 217, 220
CM　194
INS　216
LAN　216
POS　216
SNS　231, 232, 234
VAN　216
WWW（World Wide Web）　224

◆あ行

愛情強制　108
愛情コミュニケーション　108
アニメ番組　187
『甘え』の構造　210
暗示　150, 151
イエ　102
いき　205
一般化された他者　48-50
一方通行　5, 170, 196
　　――コミュニケーション　112, 114
一方的・命令的コミュニケーション　104
異文化　206, 211
　　――コミュニケーション　65, 207
意味　6, 7, 64
　　――の意識　23
意味のあるシンボル　24-27, 85
印象操作　71, 72
インストルメンタル　218
　　――・コミュニケーション　110, 111, 117
　　――な使用法　82
インターナショナル・グローバル・ヴィレッジ　237
インターネット　2, 4, 224-227
インタラクティブ・テレビ　136
インティメイト・ストレンジャー　94
インティメート型　39
インパルス解放型　38, 39
インパルス的自我　37, 38
インフォーマル・グループ　115-117
　　――の発見　117
ウェブ1.0　227
ウェブ2.0世代　227
受け手　5-7, 88, 114, 120, 176, 179, 183-186, 188, 195, 208, 209
受け手の主体性　182, 184, 188, 195
ウソの自分　72
「宇宙戦争」　177, 191
うわさ　154, 156-163
衛星放送　173
エゴイズム　41
演技　71, 109
演出　109
送り手　5-7, 88, 114, 176, 179, 183, 186-188, 195, 209
「オタク」　36, 37
夫不在　107
オピニオン・リーダー　179-

181, 189, 190, 193
オフライン・コミュニティ　223
親子間コミュニケーション　103, 104
オルレアンのうわさ　155, 156, 159
音声　23, 24, 82-85, 88
　――コミュニケーション　96
　――ジェスチュア　23, 24

◆か行

外見　69, 70
解釈　6, 7, 29, 30, 64, 120, 121, 154, 162, 164, 166, 185, 208, 209
改変効果　179
会話　152
顔の表情　59, 60, 63, 64
顔の見える大衆社会　45
鏡に映った自我　41
書き言葉　58, 65
核家族　108
家族コミュニケーション　102, 107, 109
堅い合理性　239
堅い個人主義　44, 45
学校の怪談　154
髪型　61, 62
間接的コミュニケーション　153
感染　150, 151
官僚制　75
　――コミュニケーション　112
　――組織　112, 113, 115
擬似対面的コミュニケーション　86
期待　72, 74, 75
キャプテン　174, 216, 217
強迫的過剰利用　225

儀礼的無関心　67, 95
近代個人主義　44
近代的自我　40, 44, 46
草の根　221
グローバル・コミュニティ・コミュニケーション　235
群衆　148, 149, 151-153, 163
　――の公衆化　153
　――のコミュニケーション　150
ケータイ　91-97
　――依存症　97
　――空間　94
　――中毒　97
　――・コミュニケーション　91, 92, 95, 96, 98
　――・コミュニティ　99
　――・トラブル　98
　――・ハラスメント　98
　――・メール　95, 97
ケーブル・テレビ　128
ゲーム段階　49
検索エンジン　225
現代人の自我　39, 45
公衆　151-153, 158
高度情報社会　4, 216, 219
紅白歌合戦　183
国際化　207, 211
国際コミュニケーション　210, 212
国際コミュニティ　212
国際心　49
個人主義　44
孤独　106, 156
言葉　18, 59
コミュニケーション　7, 110
　――嫌い　200
　――の2段階の流れ　180
　――の「利用」と「満足」　187
　――不在のコミュニティ

124
　　──文化　209
コミュニケーション合理性　7, 238, 239
コミュニケーション合理的なもの　117, 118
コミュニケーション能力　109, 110
「コミュニケーション不全症候群」　37
コミュニティ　8, 49
　　──住民　132
　　──情報　126, 128, 132
コミュニティFM放送　127, 131-133, 137, 139, 140, 141
コミュニティ・インタラクティブ・テレビ　136
コミュニティ・コミュニケーション　124-127, 132
コミュニティ・チャンネル　130
コミュニティ・メディア　126, 128, 130, 132, 136, 137, 139
コミュニティ・ラジオ　131
コメント　230
孤立　211
コンサマトリー　93, 102, 110
　　──なコミュニケーション　102, 117, 125
　　──な使用法　82
コンフリクト解決法　53

◆さ行

災害情報　138, 140-142
　　──コミュニケーション　138
　　──の伝達ルート　141
　　──メディア　138
災害のコミュニケーション　144
災害文化　142-144

サイバー・テロ　237
察し　202
雑種文化　210
参加番組　187
産業化　7
ジェスチュア　18-23, 59, 62-65, 103
　　──の会話　22
私化　79, 95
自我　28, 34-36, 38-42, 44-47
　　──の社会性　40, 41
　　──の社会理論　44
　　──の多様化、流動化　230
自己組織化　121
自己とコミュニケーション　18
自己内省的コミュニケーション　122
自己表現　58-67, 69, 70
自主放送　128
視線　71, 204
　　──の作法　204
　　──を合わす文化　67, 204
　　──を避ける文化　67, 204
親しい他者　36, 37, 45
自分自身との相互作用　28-30
市民電子会議室　236
社会移動　53
社会運動　166-168
社会性　26
社会的相互作用　29
社会的な自我　40
集権的コミュニケーション　112
集合行動　163-166
住民参加・参画　132, 133, 137
主体性　190
主体的存在　74, 75
主要役割の選択　54
循環反応　30, 164
準拠集団　192, 193, 195
状況規定　161, 162, 164

事項索引　243

状況適合性　66
情動　19, 21
情報縁　235
情報化　7
情報空間　94, 95
情報コミュニティ　8, 234-238
情報スーパーハイウェー　2, 219
情報発信　4, 219
情報発信的コミュニケーション　212
書類コミュニケーション　113
真実の報道　195
身体の接触　59, 60
新聞　152, 153, 183, 184
図形文字　16, 17
スマートジョブズ　238
正常視バイアス　142
制度的自我　37, 38
性別役割分業イデオロギー　109
西洋文化指向　210
セルフ・インタラクション　88
世論　152
相互的コミュニケーション　212
創造的コミュニケーション　121
創発的コミュニケーション　85
創発的内省　28, 75
双方向　4, 30, 170, 196, 219, 220
双方向化　2
双方向機能　138
双方向コミュニケーション　7, 85, 93, 117, 121, 127, 154, 194
双方向性　85, 88, 89, 222
双方向テレビ　6, 175
即時的コミュニケーション　86
組織　111, 166-168
組織コミュニケーション　111, 112

組織における人間の発見　115
ソーシャル・ネットワーキング・サービス　→SNS

◆た行

大衆　176, 178
態度　22, 25, 26, 46, 49
絶え間なき交信　92
タコツボ型　210
他者　34-37, 40-42, 44-47, 58, 64-66, 69, 71-75
多チャンネル化　218
達成主義型　39
タテ社会　210
タテのコミュニケーション　118, 120
ダブル・バインド　64
ダブル・リアリティ　89
多面的な自我　54
ダンス言葉　14-16
地域コミュニティ　236
地域情報　130
地位シンボル機能　78
遅延反応　27
地図にないコミュニティ　8, 86, 221, 235
父不在　107, 108
チンパンジー　14, 16, 17
　——の言葉　16
沈黙　82, 203
ツーウェー・テレビ　136
作り手　7, 188
罪の文化　210
ディスコミュニケーション　107, 115
テルネット　224
テレビ　6, 170
　——離れ　174
電子グループ・コミュニケーション　118
電子コミュニケーション　222

電子町内会　236
電子メール　111, 223, 224, 227
伝染　164
電話コミュニケーション　78, 82-91
電話のユニバーサル化　79
同一の反応　25
動物のコミュニケーション　14
匿名性　165
トラックバック　230

◆な行

内省化　84
内省的思考　27, 28
内的コミュニケーション　28, 30
難視聴対策　128, 137
日常的コミュニケーション　79, 89, 181
人間的なコミュニケーション　117
人間のコミュニケーション　23, 30
ネット・ハラスメント　237
ネットワーク　118-120, 224
　——形成　110
　——性　222
　——のコミュニケーション　118, 120, 121

◆は行

媒介要因　190, 191
恥の文化　210
パソコン通信　5
パーソナル化　90, 175
パーソナル・コミュニケーション　159, 181, 189, 191-194
パーソン・ロール・コンフリクト　55
バーチャル・コミュニティ　235

バーチャル・リアリティ　219, 221
発信型のコミュニケーション　227
話し言葉　58, 63
パブリック・アクセス・チャンネル　134, 135, 137, 188
阪神・淡路大震災　5, 139
非同期性　222
非同期的コミュニケーション　96
表現様式　67, 68
ファイル転送　225
夫婦コミュニケーション　104-106,
フェース・トゥ・フェース　124
フォーマル・オーガニゼーション　116, 117
不関与の規範　95
服装　61, 62, 69, 70
物理的空間　94, 95
父母のコミュニケーション　106
フルタイム・インティメイト・コミュニティ　94
プレイ段階　48
フレーミング　237
ブログ　227-230, 234
文書によるコミュニケーション　113
変容可能な自我　54
補強効果　179
母子コミュニケーション　108
ホーソン実験　116
ホテル家族　109
ホモ・エコノミクス　46
本当の自分　72

◆ま行

マスコミ強力説　176, 178

マスコミの効果　183
マスコミは全能,大衆は無力　6
マス・メディア　139
マルチメディア　2, 8, 220
　——・コミュニケーション　91
　——・コミュニティ　221
見せかけの文化　70, 71
見せものの文化　70
ミツバチ　14-16
身振り　83, 200, 201
ミリング　164
メディア・リテラシー　217
メディアを介したコミュニケーション　126
目の動き　59, 60, 63
メール　96, 97
メロドラマ　186
目的合理性　238
モバイル　92
モバイル化　93
モラール　116
問題的状況　27, 154, 156, 158, 162, 164, 166, 168

◆や行

役割間コンフリクト　52, 53
役割期待　55, 74

役割距離　72-74
役割形成　72, 74-76
役割コンパートメント化　54
役割コンフリクト　48, 51, 53, 76
役割取得　46
役割内コンフリクト　52, 53
役割の中和　54
役割変容　76
柔らかい合理性　239
柔らかい個人主義　44, 45
ユーザーフレンドリー　218
ユニバース・オブ・ディスコース　26
ヨコのコミュニケーション　105, 112, 118, 120, 127

◆ら行

リアリティの再構成　236
利他主義型　39
濾過作用　179, 180, 190

◆わ行

ワレ思う,ゆえにワレあり　40, 42, 43
ワレワレ思う,ゆえにワレあり　43

人名索引

◆あ行

青木保　211
井上俊　70
井上忠司　202, 204
今井賢一　115
ヴァーガス（Majorie F. Vargas）　208
ウェーバー（Max Weber）　112, 113
ウェルズ（Herbert G. Wells）　177
ヴント（Wilhelm M. Wundt）　21
オールポート（Gordon W. Allport）　155, 161

◆か行

カッツ（Elihu Katz）　180
ガードナー夫妻（Allen R. and Beatrice T. Gardner）　16
金子郁容　119
ガンパード（Gary Gumpert）　78
金田一春彦　200
九鬼周造　205
久米宏　173
クラッパー（Joseph T. Klapper）　190
クーリー（Charles H. Cooley）　41-44, 46
グリーンバーグ（Bradley S. Greenberg）　189
ゴア（Al Gore）　2
ゴッフマン（Erving Goffman）　60, 66, 71-73

◆さ行

シェイクスピア（William Shakespeare）　59
志賀信夫　171
シタラム（Kogil S. Sitaram）　209
シブタニ（Tamotsu Shibutani）　157, 162
スミス（Adam Smith）　46
スミス（Kate Smith）　178

◆た行

ダーウィン（Charles R. Darwin）　18-19
多田道太郎　201, 205
ターナー（Ralph H. Turner）　37, 39, 74, 75
ダニエルソン（W. A. Danielson）　188
タルド（Jean-Gabriel Tarde）　151-154
デカルト（René Descartes）　40, 42
ドイッチマン（P. J. Deutschmann）　188
トルーマン（Harry S Truman）　185

◆な行

中島梓　36
夏目漱石　211
西垣通　219, 226
野村雅一　208

◆は行

ハイム（Michael Heim） 237, 238
芳賀綏　202
ハーバーマス（Jürgen Habermas）
　118, 238
バーンランド（D. C. Barnland）
　200, 203
ファスト（Julius Fast）　60, 61
フォン・フリッシュ（Karl von
　Frisch）　14
藤竹暁　192
プリマック夫妻　（Ann J. and
　David Premack）　17
ブルーマー（Herbert G. Blumer）
　28, 29, 164, 185
ヘイズ夫妻（Cathy and K.
　Hayes）　16
ベネディクト（Ruth F. Benedict）　210
ベル（Alexander G. Bell）　78
ヘルツォーク（H. Herzog）
　186

◆ま行

ミード（George H. Mead）　18,
　19, 21-26, 28, 46-50, 85
ミルズ（Charles W. Mills）　176
村上春樹　35, 36
モラン（Edgar Morin）　156

◆や行

山崎正和　44
吉本ばなな　34

◆ら行

ライリー夫妻（John W. and
　Matilda W. Riley）　187
ラインゴールド（Howard Rheingold）　235, 236, 238
ラザースフェルド（Paul F.
　Lazarsfeld）　179, 186
ランボー夫妻（Duname M. and
　E. Rumbaugh）　17
ル・ボン（Gustave Le Bon）
　149-151, 153

● **著者紹介**

船津　衛（ふなつ　まもる）
　　　元東京大学教授

コミュニケーション・入門〔改訂版〕
Introduction to Communication
2nd ed.

ARMA
有斐閣アルマ

1996 年 8 月 30 日	初　版第 1 刷発行
2010 年 3 月 20 日	改訂版第 1 刷発行
2022 年 1 月 30 日	改訂版第 5 刷発行

著　者　　船　津　　　衛
発行者　　江　草　貞　治
発行所　　株式会社　有　斐　閣
　　　　　郵便番号 101-0051
　　　　　東京都千代田区神田神保町 2-17
　　　　　http://www.yuhikaku.co.jp/

印刷・株式会社精興社／製本・大口製本印刷株式会社
Ⓒ 2010, Mamoru Funatsu. Printed in Japan
落丁・乱丁本はお取替えいたします。
★定価はカバーに表示してあります。
ISBN 978-4-641-12396-0

JCOPY　本書の無断複写(コピー)は，著作権法上での例外を除き，禁じられています。複写される場合は，そのつど事前に，(一社)出版者著作権管理機構（電話03-5244-5088, FAX03-5244-5089, e-mail:info@jcopy.or.jp）の許諾を得てください。